AF534419

SV

Eher durch Zufall landete die wuchtige Buchclubausgabe der *Jahrestage* in Charly Hübners neuem Zuhause. Ein dicker Wälzer, der trotz der manchmal sperrigen Sprache und verwinkelten Erzählweise einen so noch nie erlebten Sog auf den damaligen Teenager ausübte. Da erzählte jemand aus dem fernen Sehnsuchtsort New York und verband das wie selbstverständlich mit einer Familiensaga in Mecklenburg – Weltliteratur aus der Heimat quasi.

Aus dem Teenager von damals ist einer der beliebtesten Schauspieler des mehr oder weniger vereinten Deutschland geworden – während Johnson mehr und mehr in Vergessenheit geraten ist. Zu Unrecht, findet Charly Hübner, denn die Lektüre dieses Autors, eines genauen Beobachters seiner Zeit, der wie kein anderer die Sprache und Denkweise der Menschen um ihn herum zu Papier gebracht hat, ist heute aktueller denn je.

Charly Hübner, geboren 1972 in Neustrelitz, ist Schauspieler, Regisseur sowie Sprecher von Hörspielen und Hörbüchern. Er wurde mit zahlreichen Preisen ausgezeichnet, darunter der Bayerische Fernsehpreis, der Grimme-Preis, der Deutsche Fernsehpreis sowie der Deutsche Hörbuchpreis. Er lebt mit seiner Familie in Hamburg.

Charly Hübner

»*Wenn du wüsstest, was ich weiß ...*«

Neun Versuche zu Uwe Johnson

Suhrkamp

3. Auflage 2024

Erste Auflage 2024
suhrkamp taschenbuch 5433
Originalausgabe

Umschlagfoto: Hans Techen
Umschlaggestaltung: Rothfos & Gabler, Hamburg
Foto vorne im Buch:
Uwe Johnson an der Schreibmaschine, 1965,
© ullstein bild – Fondation Horst Tappe
Foto hinten im Buch:
Uwe Johnson auf dem Buchenberg in Krakow am See,
um 1951, © Heinz Lehmbäcker
Druck und Bindung: CPI books GmbH, Leck
Printed in Germany
ISBN 978-3-518-47433-4

www.suhrkamp.de

»Wenn du wüsstest, was ich weiß …«

»›There must be some way out of here‹
said the joker to the thief
›there's too much confusion here
I can't get no relief‹«

»All Along the Watchtower«,
Bob Dylan, 1967

»Ich habe das Buch so geschrieben, als würden die Leute es so langsam lesen, wie ich es geschrieben habe. Wir haben [...] eine ganz besondere Form des Lesens heutzutage, die sehr hastig ist und sich eigentlich nur nach Signalen orientiert.«

Uwe Johnson, 1961

Inhalt

... homerisch ... 13

... schlicht und streng ... 22

... zierlich gedrechselt ... 32

... dienlich und unerschöpflich ... 43

... unsinniges Wagnis ... 62

... stilistische Meisterschaft ... 73

... schlecht möglich ... 87

... was ich weiß ... 99

... verändert und verfälscht ... 111

Dank 124

Zitatnachweise 125

Bibliografie 126

1. Versuch

»Ein homerisches Gedächtnis hat dieser Mann.«
Max Frisch

Neulich, ich könnte auch jüngst, kürzlich oder letzthin schreiben, finde aber neulich in seiner unverschämten Schlichtheit einfach sehr schön, neulich also hörte ich mich in einem Gespräch mit zwei Autoren sagen: »Uwe Johnson ist eh der größte deutsche Schriftsteller des 20. Jahrhunderts.«

Eine Übertreibung ohnegleichen.

Auslöser dieser *frohen Botschaft* war ein Gespräch über Literatur im Allgemeinen und im Zusammenspiel mit Film. Wir diskutierten die unterschiedlichen Erlebniswelten von Buch und Film und versuchten, einen Eindruck zu bekommen, was Literatur heute anders können müsse als im vordigitalen Zeitalter, ob Literatur und Film noch die Kraft hätten, in die Gesellschaft hinein zu wirken, oder ob beides vor allem dem Entertainment und dem Eskapismus dienen solle. Also ein Gespräch, wie man es ab und an in einer Drehbuchbesprechung führt, um zu verstehen, wie modern oder altmodisch man eigentlich selbst so drauf ist und was einen jeweils selbst so antreibt. Und als wir dann gerade anfingen, uns gegenseitig Autorinnen und Autoren vorzustellen, die wir als in jeder Hinsicht überragend und zeitlos empfinden, posaunte ich in die Runde eben den Satz: »Uwe Johnson ist eh der größte deutsche Schriftsteller des 20. Jahrhunderts« – mit dem Beisatz – »wie Homer, Tolstoi und Proust für ihre Zeiten und Länder.«

Danach entstand eine nicht spannungslose Stille. Die Blicke der beiden Autoren froren ein. Ich konnte nicht erkennen, ob sie mir, wovon ich ehrlich gesagt ausging, sofort zustimmen würden oder ob sie mir mit einem Argument um die Ecke kommen wollten, das ich in jedem Fall beinhart würde *auskontern* können. Der von mir eingebrachte Autor war unantastbar und hielt jeder Attacke stand, da war ich mir ganz sicher.

Aber nichts von beidem geschah.

Die geschätzte Autorin wie ihr ebenso geschätzter Kollege starrten mich einfach nur an. In Sekundenschnelle versuchte ich, ihre Blicke als ratlos, erbost, erschrocken, bekümmert, genervt zu deuten, um dementsprechend angemessen darauf eingehen zu können – aber es brachte nichts, die Stille blieb einfach nur spannungsvoll.

Hatte ich sie düpiert?

Bin ich im Eifer über einen ihrer Sätze rübergeschrammt?

Sie sahen jedenfalls eher empört als bedröppelt aus.

Also begann ich eilig zu relativieren, dass ich a) natürlich nicht mal zwei Drittel aller deutschen Schriftstellerinnen und Autoren des 20. Jahrhunderts kenne und ich mir, selbst wenn dem so wäre, b) einen Superlativ dieser Art selbstverständlich sparen solle, ja sparen müsse, weil es am Ende ja nicht darum gehen kann, dass unsereins auch noch anfängt, Literatur zu listen oder *zu counten.*

Außerdem sei c) jede schriftstellerische Arbeit per Definition sowieso *unique*, und es komme d) ja grundsätzlich sehr dämlich daher, wenn man Äpfel mit Birnen, Kirschen oder Autos vergliche. Aber egal welche Formulierung des Relativierens oder der Zurücknahme dieser *steilen These* ich auch von mir gab, am Ende landete ich immer wieder in einer satzbaulichen Aber-Konstruktion, die Uwe Johnson doch über alles stellen wollte – stellen will.

Ich komme also nicht drum herum zu gestehen, dass etwas in mir diese überspannte Übertreibung als gerechtfertigt ansieht und sich darin auch sehr, sehr sicher ist.

Bewunderung ist etwas, dem ich eigentlich sehr zweifelnd gegenüberstehe. Ich empfinde sie sogar als eine Art Denkfaulheit. Hinter jedem Wunder steht doch in der Regel eine klare Konstruktion, die sich in ihrer Komplexität möglicherweise nicht leicht, aber doch mit Geduld und Neugier erfassen lässt. Im Falle Uwe Johnsons aber setzt in mir in der Regel der Fluchtimpuls Richtung Bewunderung ein, da ich es mit meinen interpretatorischen Fähigkeiten einfach nicht zusammenkriege, wie fein, schlau, brutal, episch, kompliziert, souverän, arrogant und empfindsam Johnson sein Erzählwerk komponierte und ausführte.

Nun hatte ich in den letzten Jahren die Gelegenheit, zwei seiner Romane, *Das dritte Buch über Achim* und *Jahrestage*, als Hörbuch einzulesen, was mich mehr oder weniger dazu zwang, diesen Fluchtimpuls zu überwinden und gemeinsam mit dem Regisseur Wolfgang Stockmann in das Johnson'sche Uhrwerk hineinzuschauen.

Ein Anfang war getan, und da es dann auch wirklich großen Spaß bereitete, sich im Sprachwerk Johnsons rumzutreiben, gibt es keinen Grund, jenseits der Auftragsarbeit damit aufzuhören. Und da gerade Zeit vorhanden ist und Uwe Johnson in diesem Jahr, 2024, seinen neunzigsten Geburtstag gefeiert hätte, wäre er nicht vor vierzig Jahren verstorben, gibt es auch noch einen, ich nenne es mal, äußeren Anlass, sich seinem Werk zu widmen.

»Er holte die Geräte aus dem Schrank, schwenkte die Lampe über den Tisch und schaltete ein. Das Zimmer war an den Wänden entlang mit Bücherregalen Schränken Couch Sessel Kochnische bewohnbar, in der Mitte unter dem langen Fenster zur abendlichen nassen Straße hin stand der Tisch, Telefon neben Plattenspieler neben Tonbandgerät, die Schreibmaschine links vorn, der Stuhl konnte auf Rollen bewegt werden. Er schrieb.«

So beschreibt Uwe Johnson das Arbeitszimmer seiner hamburgischen Hauptfigur Karsch in *Das dritte Buch über Achim*. Hier in meiner provisorischen *Uwe-Johnson-Bude* sieht es ähnlich aus, nur gibt es noch einen Sessel und eine Couch zum *Langmachen*. Die Werkstatt eines Freundes, in die ich mich eingemietet habe, liegt in einem Altonaer Hinterhof mit Kopfsteinpflaster, früher wurden hier Fahrräder und Mopeds repariert. Die Zeit zeigt sich im Lauf des Tageslichts, welches durch zwei Dachfenster den Raum durchwandert, während bei aller äußeren Stille in den Lärm der Johnson-Welt hineingehorcht werden kann.

Auf meinem Schreibtisch stehen neben der Johnson-Werkausgabe manche Briefbände samt Interviewsammlungen plus einige biografische Schriften. Da sind die 800-Seiten-Biografie von Bernd Neumann, schlicht *Uwe Johnson* betitelt, das Buch *Eine Reise zu Uwe Johnson*, für das Frauke Meyer-Gosau seine Lebensorte besuchte, und die Monografien von Katja Leuchtenberger und Jürgen Grambow, die wissenschaftlich essenziell einen dichten Eindruck vom Leben und Wirken Uwe Johnsons vermitteln. Sie alle will ich einmal nennen, denn das sind Standardwerke, wenn man sich wirklich ausführlich mit dem Leben und dem Schaffen Uwe Johnsons befassen will, und sie werden für dieses Büchlein hier nützliche Quellen und Begleiter sein.

Aber ich bin weder Literaturwissenschaftler noch Biograf, eigentlich eben nur ein Fan, und so kann das hier nur ein kleiner *Jubeltext* werden, nennen wir es eine Hommage, die sich querfeldein *ümmer de Nees lang* im Johnson-Kosmos rumtreibt und die eine oder andere Perle ans Licht holen möchte. Mal schauen, was sich da in den Fächern, Kassetten und Büchern so alles versteckt!

Ich könnte nun an dieser Stelle zügig und zielstrebig in die Vollen gehen, den ersten Band der *Jahrestage* zur Hand nehmen und den Tagebucheintrag »26. Oktober 1967, ein Donnerstag« aufschlagen.

Gesine Cresspahl, die Hauptfigur, liest erst einmal wie an jeden Tag in diesem Roman die neuesten Nachrichten in der *New York Times*. Das nimmt den ersten Teil dieses Tagesberichts ein. Im zweiten Teil wird dann eine Szenerie geschildert, in der Gesines Vater Heinrich Cresspahl versucht, am 6. März 1933 sein neugeborenes Kind im

Rathaus des mecklenburgischen Städtchens Jerichow anzumelden.

Am Tag zuvor war in Deutschland ein neuer Reichstag gewählt worden, und die Nationalsozialisten hatten diese Wahl mit 43 Prozent aller Stimmen gewonnen. Es waren noch am Abend allerorten mehr oder weniger rüde und gewaltvolle Szenen der Machtübernahme gefolgt, die den gesellschaftlichen Lauf der Dinge zum Stehen brachten – so auch in Jerichow. Es wird Heinrich Cresspahl an diesem 6. März folglich nicht gelingen, die kleine Gesine anzumelden, da der »alte« SPD-Bürgermeister Dr. Erdamer unfreiwillig abtreten muss und die »neuen« Volksvertreter der NSDAP das Amt erst noch antreten.

Wie Johnson diese welthistorische Zäsur, zu der dieser Machtwechsel ja wurde, auffächert, in den Perspektiven springend davon erzählt, wie wer was wann erkennt oder nicht erkennt, wie wer mit wem in welchem offiziellen und in welchem privaten Verhältnis steht, je nach Perspektive der handelnden Erzählfigur oder des betrachtenden Autors, das ist ausgebufft und schwer fassbar. Eine Montage, die sich, wenn man es in einem Satz zusammenfassen wollte, als hektisches Psychovideo beschreiben ließe. Es würde im Vorstellungskosmos der hier Lesenden vermutlich nichts weiter als hellgrauen Nebel oder geballten Klumbatsch auslösen, man hätte aber von dem tatsächlich erzählten Geschehen keinerlei Eindruck.

Und spätestens hier würde ich dann merken, dass ich doch etwas weiter ausholen muss, etwas sanfter in den Kosmos des Autors einsteigen sollte, den ich vor anderen Menschen so ungefragt über alles stelle.

Die Runde, in die ich die These »Uwe Johnson ist eh der größte Schriftsteller« etc. pp. hineinposaunt hatte, hatte sich zwischenzeitlich vergrößert, denn der Filmproduzent war hinzugekommen, der uns zu dieser Runde überhaupt erst eingeladen hatte. Er war sehr überrascht, uns in eifriger Debatte zu erleben, allerdings nicht über die Weihnachtsserie, die er produzieren wollte. Stattdessen bestand ein aufgebrachter Drehbuchautor sehr vehement darauf, dass Thomas Mann ja wohl in jeglicher Hinsicht literarisch das Maß aller Dinge im 20. Jahrhundert war, ist und bleiben würde. »Den Bogen von *Tonio Kröger* bis zum *Felix Krull,* um nur mal die Klammern zu nennen, den Bogen hat niemand gespannt und Uwe Johnson doch schon gleich mal gar nicht.« Aber er könne das auch nur vermuten, denn genau genommen hat er vor dreißig Jahren einmal angefangen, die *Jahrestage* zu lesen. »Ja das ist schon groß, aber viel zu chaotisch, viel zu viel.« Und er sei sich ziemlich sicher, dass Johnson sich in der Erzählung des deutschen Bürgertums und im Umgang mit Ironie dann doch hinter Thomas Mann einreihen müsse.

Daraufhin argumentierte die Autorin, sie finde die Debatte interessant, aber unnötig, weil sie das Werk eines Franz Kafka gar nicht in den gleichen Wettbewerb stellen möchte wie die Texte von Martin Walser, Christa Wolf oder Ingeborg Bachmann. Das sind doch völlig eigenständige Erzählwelten.

»Ich finde es eigentlich ganz geil, so was zu *listen«*, konterte der Filmproduzent, »da lerne ich auch noch gleich was über euch.« Aus dem Stand könne er sich aber nicht zwischen Brecht und Dürrenmatt entscheiden. »Beide visionär, beide universell! Was war denn euer Einstieg?«, fragte er.

»Ach es ging um Literatur im Allgemeinen, was sie können muss, ob sie noch wichtig ist«, sagte der Autor.

»Also, ob Fernsehen sie ersetzt, eben durch Serien usw.«, fügte die Autorin hinzu.

»Das ist ja mal klar«, antwortete der Produzent. »Literatur hatte ihre Zeit, im fernen 20. Jahrhundert. Da war natürlich viel mehr Schlagkraft und Bedeutung. Viel mehr Stadt- und Gesellschaftstalk. Das ist ja heute durch den Serienboom und Social Media anders. Das müssen wir alle einfach mal zur Kenntnis nehmen. Aber hat ja auch viel Gutes.«

So schwadronierte er dahin: über die Macht der Bilder, die die Macht der Sprache ersetzen würde, davon, dass man sicher von den großen Schriftstellern lernen könne, was subtile Unterhaltung sei, also von den Schlüsselreizen her, heute aber durch das Digitale und KI ja ein ganz anderer Twist in die Sache komme, da wisse man ja noch gar nicht, wo das hinführe, und da sei es doch letztlich gar nicht mehr wichtig, wer denn nun im 20. Jahrhundert der größte Schriftsteller gewesen sei. Ihm falle da ja auch noch Max Frisch ein, wie der von innen heraus geschrieben habe. »Hammer!« Ja, da lege er sich jetzt mal fest, für ihn sei Max Frisch der Größte, noch vor Brecht. Uwe Johnson kenne er zwar, habe den aber nie richtig gelesen, also genau genommen eigentlich gar nicht. »War ein Ossi, oder? Das ist wie mit Goethe oder Homer: wird bei jedem Umzug eingepackt, aber nie gelesen. Soll ja spitzenmäßig sein, meine Frau liebt den über alles, vor allem diesen

Jahresbericht, wo er doch irgendwie so über ein Jahr Tagebuch führt.«

»*Jahrestage*!«, verbesserte ihn der Autor.

»Ah ja genau, *Jahrestage*. Gibt's das nicht auch schon als Film.«

Alle nickten!

»Cool, den kann ich mir ja mal reinziehen!«

Zu meiner eigenen Überraschung legte ich still und unnachgiebig nach: »Alle großartig, alle sensationell, aber Uwe Johnson ist epochal. Das ist der Unterschied.«

»Epoche, Epoche, Hurra! Meinetwegen!« gab der Produzent zügig zurück. »Aber jetzt muss das *pitch paper* für die Weihnachtsserie raus, wir haben nur noch zwei Stunden, das ist deutlich wichtiger!«

2. Versuch

»da dachte ich, schlicht und streng anzufangen so: …«
Uwe Johnson

So eröffnet Uwe Johnson *Das dritte Buch über Achim,* seinen dritten Roman. »da dachte ich, schlicht und streng anzufangen so: sie rief ihn an, innezuhalten mit einem Satzzeichen, und dann wie selbstverständlich hinzuzufügen: über die Grenze, damit du überrascht wirst und glaubst zu verstehen. Kleinmütig (nicht gern zeige ich Unsicherheit schon anfangs) kann ich nicht anders als ergänzen daß es im Deutschland der fünfziger Jahre eine Staatsgrenze gab; du siehst wie unbequem dieser zweite Satz steht neben dem ersten.«

Kein epischer Anlauf mittels einer Landschafts- oder Stadtbeschreibung, keine Schilderung einer krassen Tat, kein privater Moment in einem welthistorischen Augenblick, der in jedem Leseherz sofort ein persönliches Gefühl entstehen lässt, nein, der Beginn dieses Buches kommt, um es positiv zu beschreiben, hineingestolpert und wirft Fragen und Unklarheiten auf. Aber nicht in einer lässigen Weise, die mir souverän einen Fakt oder ein Problem beschreibt, dem ich dann *spannungsgeladen* folgen will, sondern unsouverän und verdruckst. Es ist nicht klar, wer zu wem spricht, also wer ist mit dem Du gemeint, ich vielleicht? Wer spricht dieses Du an? Und es ist schwer erkennbar, was diese Person der anderen erzählen will.

Ich finde diesen Anfang grandios.

Das dritte Buch über Achim ist für mich eine Art Werkstatt-Buch oder Handbuch zum Schreiben, weil es neben der eigentlichen *Story* alles das, was Schreiben, Geschichte Erzählen und Sprache Performen ausmacht, miterzählt, und es ist letztendlich bis heute ein hochpolitischer Text. Alles das, was mich als Schauspieler seit Beginn meiner Arbeit vor über dreißig Jahren neben dem ureigenen Narzissmus beschäftigte, wird in aller Ausführlichkeit hier umgesetzt. Es geht eben nicht nur darum, *cool* eine Geschichte zu erzählen, sondern auch darum, wie man diese spezielle Geschichte erzählt und mittels Sprache das, was die Helden der Geschichte erleben, spürbar macht.

Das ist jetzt nichts Neues in Bezug auf Literatur, das machen viele, aber Johnson hat dem noch das *Wie liest sich eine Geschichte* hinzugesetzt. Es ist in meinen Augen absolut wesentlich, das zu wissen, um ihn in seiner ganzen Strenge und Grandezza zu erleben. So etwas einfach wegzulesen birgt die Gefahr des Missverstehens – Johnsons strenger Anspruch war, sowohl die Art des Erzählens als auch die Art des Lesens in seinem Schreiben mitzudenken.

Das wirkt kompliziert, war und ist aber sehr mutig, nah und offenherzig.

Worum geht es?

Das dritte Buch über Achim ist ein Buch über die deutsche Teilung. Es ist die Geschichte des Hamburger Journalisten Karsch, der von seiner Exfreundin Karin, einer Schauspielerin, einen Anruf bekommt, ob er sie nicht in der DDR besuchen und über ihren neuen Freund Achim, den berühmtesten Radrennfahrer des neu entstehenden Landes DDR, eine Biografie schreiben möchte.

Karsch fährt nach Leipzig, lebt dort, begleitet Karin und Achim in ihrem Alltag als prominentes Pärchen der DDR und kommt in der sich neu formierenden anderen deutschen Welt letztendlich nicht zurecht. Am Ende der Geschichte wird Karsch wieder abreisen, ohne die Biografie *Das dritte Buch über Achim* geschrieben zu haben. Die persönlichen Ansichten Achims und die politischen sowie praktischen Umstände in der DDR machen es nicht möglich, das Buch so zu schreiben, wie Karsch es für aufrichtig und gut gehalten hätte.

In Hamburg angekommen, fragen seine Freunde, wie es denn so war, da *drüben, in der DDR,* und Karsch beginnt, die Reise nachzuerzählen. Da setzt das Buch ein. Das ist Johnsons Trick: Er hat eine Situation geschaffen, in der erzählt wird. Das liest sich erst mal sperrig. Liest man es jedoch laut, wird es sofort situativ. Es ist nicht berichtende oder beschreibende Sprache, die rezitiert werden kann, sondern man wirkt quasi ungefragt am Gespräch mit. Johnson schafft so große Nähe zu den Figuren und kann sich dadurch gleich dem eigentlichen Thema des Romans widmen. Es lauert zwar noch im Hintergrund, aber die Figuren sind davon wie selbstverständlich in Beschlag genommen und schaffen so durch ihr Sprechen eine Situation, die das Thema des Andersseins, des Unterschieds beider deutscher Welten klar vermitteln.

Nun gibt es zweierlei, was man sich an dieser Stelle fragen mag. Erstens: Warum machte Uwe Johnson das? Und zweitens: Warum sollen wir uns 2024 mit einer Geschichte vor dem Mauerbau 1961 befassen?

Vielleicht erstmal zu Letzterem. Eine einfache Antwort könnte sein: Der Erfolg des Buches *Der Osten: eine westdeutsche Erfindung* vom Literaturwissenschaftler Dirk Oschmann zeigt, dass Johnsons Roman nicht etwas Vergangenes erzählt, sondern etwas Brennendes, da auch zweiundsechzig Jahre nach Erscheinen von *Das dritte Buch über Achim* auf die Unterschiede zwischen *Ost* und *West* hingewiesen werden will.

Es gibt aber auch eine etwas kompliziertere Antwort: Während ich hier an einem hamburgischen Spätnachmittag bei grauem Winterregen, der auf die Oberlichter prasselt, diese Zeilen niederschreibe, im Nordwesten Deutschlands, in dem es keine Staatsgrenze mehr gibt, harren Millionen Menschen im palästinensischen Rafah, in Juares/Mexiko, im Sudan, in Finnland, in Ungarn, an der spanischen Enklave Ceuta und auf der koreanischen Halbinsel an Grenzzäunen aus, werden von Grenzbehörden untersucht und aussortiert, mit unterschiedlichem Ausgang; manche dürfen die Grenze passieren, andere nicht.

In genau diesen Sekunden, in denen mein inneres Auge mir wie selbstverständlich die ehemalige Grenzanlage am Brandenburger Tor in Berlin einblendet, inklusive der vier Grenzsoldaten, die im Frühjahr 1989 mit hochgehaltenen Maschinenpistolen uns Provinzjugendliche hart anbrüllten und fortjagten, weil wir lautstark staunten, wie krass *die Mauer ein Ende* von etwas war (wir hatten sie zuvor nie gesehen – wir lebten ja im freien Wald am See), in genau diesen Sekunden also demonstrieren hunderttausende Menschen deutschlandweit auf den Straßen gegen eine rechtsextreme Partei, aus deren Umfeld heraus Pläne bekannt wurden, wonach Millionen deutscher Staatsbürger, die ihrer Ansicht nach nicht *deutsch genug* sind, sofort nach Machtübernahme hinter die Grenzen geschickt werden sollen, und insgesamt ist zu Anfang dieses Jahres 2024 in dem wiedervereinten Deutschland eine sehr fragile, dünnhäutige politische Situation entstanden, die die gesellschaftliche Erzählung der vergangenen dreißig Jahre zum Kippen bringen könnte. Da haben dann der kurze hastige Blick in die politische Welt dieser Tage und Uwe Johnsons Werk sehr viel miteinander zu tun.

Ist es machbar, das Grauen (und die Schönheit) der Welt möglichst komplex einzufangen und von ihr zu berichten?

Wie berichtet man über so etwas wie eine Grenze?

Wie beschreibt man das Gefühl angesichts einer Grenze, wie sie gerade zum Beispiel in Rafah Leben versperrt, wo doch das Leben an sich fortwährende Bewegung ist?

Johnsons gesamtes Œuvre stellt sich diesen Fragen und im Detail eben auch der Anfang seines dritten Buches. Er schrieb eben nicht: »sie rief ihn an, über die Grenze«, und schilderte damit eine Tat und nebenher einen Fakt. Das hätte allzu selbstverständlich gewirkt und den Fakt, *die Grenze,* unbedeutend erscheinen lassen, was sie aber seinerzeit, zehn Jahre nach Gründung beider deutscher Staaten, für viele Deutsche nicht war.

Mein Vater sprach immer von einem *Riss, der nie ver-*

heilen wird. Für den einzelnen Menschen ist jeder Riss erst mal eine Zerstörung, ein Ende von was. Oft wird der Riss als Moment zwar erwähnt – *da war dann dieser Riss* –, aber beschrieben werden die Folgen, das Danach.

Johnson bleibt *im* Riss. Stur stellt er sich in die Dynamik des Reißens und versucht, für die Nachwelt diesen Prozess empfindbar zu machen.

Damit wären wir bei der ersten Frage: Warum machte Johnson das?

Uwe Johnson war junge sechsundzwanzig Jahre alt, als er den Text schrieb. Er hatte wenige Monate zuvor seine Lieblingsstadt Leipzig, seine Freunde und seine Herzensliebe verlassen, weil er mit den Worten und Taten der politischen Machthaber in der DDR nicht mehr klarkam. Er hatte Sorge, dass sein Leben durch das *scharfe Auge der Macht* eingeschränkt und behindert werden würde.

Was das hieß, hatte er sieben Jahre zuvor als Student erfahren. Er hatte nach einer Auseinandersetzung mit der Macht sein Studium an der Universität Rostock abgebrochen. Grund dafür war seine Weigerung, an einer staatlich organisierten Hetze gegen die Jugendorganisation der evangelischen Kirche teilzunehmen. Diesem machtpolitischen Ansinnen wollte der damals Neunzehnjährige nicht folgen, argumentierte dagegen, warf den Behörden mehrfachen Verfassungsbruch vor.

In seiner Poetikvorlesung *Begleitumstände,* die auch eine Art persönlicher Lebensbericht ist, schildert Johnson die Ereignisse 1953 so: »Zum Schluss kam der Jugendfreund aus Güstrow [damit meint Johnson sich selbst] mit der Feststellung, die Hetze und die Schikanen gegen eine Religionsgemeinschaft konstituiere einen mehrfachen Bruch der Verfassung der Deutschen Demokratischen Republik, ausgeführt durch die Regierung der Deutschen Demokratischen Republik: Artikel 9 gewährleiste die Freiheit der Meinungsäußerung, Artikel 43 die Glaubensfreiheit und ungestörte Ausübung der Religion und sofort bis zum Artikel 45.«

Mit neunzehn konnte ich eine Menge Punk- und Metal-Bands aufzählen, aber niemals hätte ich die Paragrafen der DDR-Verfassung, geschweige denn die der BRD in so einer Situation zitieren können. Ich hatte weder das Wissen noch den Mut. Johnson hatte offenbar beides und, wenn man den Berichten der Forscher folgen will, auch die gehörige Portion Sturheit und Glauben, die man wohl braucht, um es sich so grundsätzlich mit der Macht zu vermiesen. Er wurde dann verhört und bestraft: »Exmatrikulation, Sperre sämtlicher Hochschulen.«

Er suchte Wahrheit und fand den Vorwurf des Verrats.

Nach Stalins Tod und der sich ändernden politischen Situation wurde die Exmatrikulation zwar wieder rückgängig gemacht, so als hätte es sie nie gegeben, aber der Vertrauensbruch war da. Und hier liegen vielleicht die Wurzeln des Schriftstellers Uwe Johnson, denn an diesem Punkt scheint der junge Mann sich entschieden zu haben, Erlebtes in Sprache festzuhalten, empfundene Ungereimtheiten zu berichten, zu erzählen, um so zu verhindern, dass sie unter den sprichwörtlichen Teppich gekehrt werden. »So bekam jemand seine ureigene Sache, seinen persönlichen Handel mit der Republik, seinen

Streit mit der Welt darüber, wann etwas eine Wahrheit ist und bis wann eine Wahrheit eine Bestrafung verdient. Da ihm verwehrt ist, dies öffentlich auszutragen, wird er es schriftlich tun. So wird er zum Lehrling in diesem Beruf, den er sich selber beizubringen hat.«

Der hellgeistige Lockenkopf Uwe Johnson, der sich viele Jahre später in einer Miniatur in *Jahrestage* selber »Lockenvitz« taufte – »ein empfindliches Kind [...], es tat ihm weh zu lügen. Wenn's die Schule verlangte, so schien ihm das ein Schaden für die Anstalt« –, wurde so sehr früh in seinem Leben mit der kantigen Wirklichkeit der Realpolitik konfrontiert und entschied sich sieben Jahre nach der Rostocker Episode, am 10. Juli 1959, in West-Berlin aus der S-Bahn zu steigen und dort eine Wohnung zu beziehen.

Er ahnte schon in diesen jungen Jahren, dass sich die Grenze, der Unterschied zwischen sowjetischer und westlicher Besatzung, nicht einfach so auflösen würde, dass spätestens nach der brutalen Niederschlagung des Arbeiteraufstandes 1953 in der DDR und des ungarischen Volksaufstandes 1956 die russische Führung vor nichts zurückschrecken würde, um diese Grenze nach Westen zu erhalten und zu manifestieren.

Davon musste er, der junge Schreiber, berichten. Aber es ging ihm nicht um Gefühlswallung, Aufschrei, Schimpfen.

Nein, Uwe Johnson suchte in der Sprache nach einem Ausdruck, der Tatsache und Empfindung, persönliche Sorge und historischen Fakt verbindet. Er erfand Sätze, die mir sowohl die *Vertracktheit* der politischen Situation als auch die persönliche Empfindung der erlebenden oder berichtenden Person widerspiegeln, wie zum Beispiel die rasenden Gedanken des trainierenden Radrennfahrers Achim:

»Jetzt bin ich selbst im Eimer, meine Feinde sie sind in der Überzahl sie haben meinen Stolz erbeutet, es zahlt sich nicht aus, bescheiden sollte man leben [...], ich kann nicht mehr, es ist mir alles so egal, wenn es mir doch nicht so sehr egal wär, wenn ihr mal in die Scheiße fallt, wenn das bloß einen Sinn hätte, es ist ein Zufall daß ich dich doch überhole, das möchte ich noch mal das war schön, ich habe immer noch was drin [...], wir haben mehr als ihr leckt mich doch am Arsch, uns geht es besser [...] tief unten seid ihr aufgehoben, wir brauchen euch nur noch zum Vergleich, wir haben gekämpft ihr seid unterlegen.«

Dass der Roman *Das dritte Buch über Achim* dann auch noch unmittelbar nach dem Schließen der innerdeutschen Grenze am 13. August 1961 erschien, ist ja nicht nur ein Knaller der Literaturgeschichte, sondern zeigt auch, wie nah, mutig und sehend Uwe Johnson von seiner Zeit berichtete. Er hatte einen Text geliefert, der in geneigten Kreisen bereits handbuchartig ermöglichte zu verstehen, wie eine Entfremdung, ein *Riss*, entstehen konnte und wie sich dieser Prozess des Entfernens anfühlt.

»Die Personen sind erfunden. Die Ereignisse beziehen sich nicht auf ähnliche, sondern auf die Grenze: den Unterschied: die Entfernung und den Versuch sie zu beschreiben.«

So beendet Uwe Johnson den Roman und so wurde er der *Erzähler beider Deutschland* – ein Label, dem er zeitlebens nichts abgewinnen konnte. Für andere war er »ein redlicher, sturer, ein wenig beschränkter Mann, der von der Mauer nicht loskann, weil er seinen Hinterkopf auf der anderen Seite gelassen hat.«

Das muss man auch erst mal aushalten.

3. Versuch

»Dabei war alles, was er sagte, zierlich gedrechselt und manchmal von närrisch verkorkster Manier.«
Günter Grass

Uwe Johnson tauchte Anfang der 1990er Jahre in meinem Leben auf. Ich hatte gerade mein Abitur in der Tasche, das letzte nach den Regularien der DDR, und war infolge eines Streits mit meinen Eltern von diesen rausgeschmissen worden. Ursache des Streits war die Interpretation des Untergangs der DDR, den irgendwer damals *Wende* getauft hatte, was für viele Menschen dann aber weniger eine *Wende* wurde als vielmehr ein Ende, dem ein Anfang folgte – äußerlich markiert durch die dann so genannte *deutsche Wiedervereinigung*.

Diese kam anders, als Uwe Johnson sie sich achtundzwanzig Jahre zuvor hoffnungsvoll ausgemalt hatte. »Der Gedanke der Wiedervereinigung scheint mir zu verlangen, daß wir uns gründlich und geduldig, d. h. also durch den Versuch eines Verständnisses und der Kenntnisnahme, darauf vorbereiten«, sagte er in einem Gespräch. Der Blick aus dem Heute auf diesen Satz erzählt uns, dass die genannten Tugenden letztlich nicht zum Tragen kamen, sondern sich in den beiden Nachkriegszonen Deutschlands doch zum Teil sehr unterschiedliche Geschichten, Perspektiven und Gefühlslandschaften entwickelt hatten, die sich nicht nur einigend zueinander verhielten und verhalten, sondern auch genau gegenläufig.

Mein Vater – zwei Jahre vor Uwe Johnson im sächsischen Erzgebirge geboren und zeit seines Lebens mit der Macht und den Folgen des Naziregimes befasst – war seit seiner späten Jugend überzeugt davon, dass die Analysen von Marx und Engels, interpretiert von Stalin, Ulbricht, Breschnew, Honecker und Co., eine harmonischere und sozialere Gesellschaftsidee in sich trugen als der auf Wettkampf, Gier und Korruption basierende Kapitalismus. Darin ähnelten sich die Ansichten der Generationsgenossen Johnson und Hübner. Doch anders als Uwe Johnson, der aufgrund seiner Erfahrungen mit der DDR 1959 in den Westen ging, blieb mein Vater und hielt an seinem Glauben, an seiner Hoffnung fest.

Mit fast sechzig Lebensjahren musste er dann erkennen und akzeptieren, dass die Idee in der Praxis gescheitert war. Durch Ratlosigkeit und Angst geriet er in eine Verunsicherung, aus der er sich nicht mehr befreien konnte.

Meine Mutter, ein frühes Kind der neugegründeten DDR, etwas älter als das Kind Marie Cresspahl in *Jahrestage,* erlebte schlichtweg den Untergang ihrer Heimat, das Verschwinden aller ihr vertrauten Lebenskoordinaten.

Meine Eltern befanden sich also in einem seelischen Notzustand.

In diese klaffende Verzweiflung polterte nun ich, ihr laut jubelnder Teeniesohn, gratulierte der Welt zum historischen Fortschritt und freute mich über die grenzenlosen Möglichkeiten, die sich vor mir auftaten.

Häme und Übermut trafen auf Hilflosigkeit und Sturheit.

Für den Familienfrieden war es die beste Möglichkeit, dass der pöbelnde Teenager rausflog und in einem Forsthaus am Waldrand eine kleine Wohnung fand. So konnten die schwer geschlagenen Eltern erst einmal zu einer Art von Besinnung finden.

Dazu hatte ich unmittelbar nach dem Abitur am Theater der Kreisstadt eine Stelle als *Regieassistent mit Spielverpflichtung* ergattert (ja, so wurde das damals genannt!) und ich musste dringend das tun, was dort am Theater alle taten, die ich *cool* fand – ich musste lesen! Ich suchte also alles an Büchern, was ich zu fassen kriegte, und las, las und las.

Lesen war nichts Selbstverständliches gewesen in der Welt, aus der ich kam. Im Gegenteil – meine Eltern waren praktisch-organisatorische Menschen, zur seelischen und geistigen Entspannung am Feierabend bot das Fernsehen die nötigen Frequenzen, um den Druck und die Sorgen der Außenwelt zu vergessen. Damals schon die Fernsehserie als Ersatz für einen Roman, die Unterhaltungsshow als *Kick* in das Wochenende.

Ich erinnere mich an Lesehefte im Urlaub. Die konnte meine Mutter an Kiosken kaufen, das waren Krimis oder sogenannte Schmonzetten, die das Sonnenbaden am Strand herzstreichelnd untermalten. Die Zeitungen, die mein Vater las, waren realsozialistisch aufbauend, es gab *echte* Prozessberichte aus der Welt der Kriminalität, und die Magazine, die überall herumlagen, erzählten irgendwie Witziges und Nacktes aus der Welt der *Freizeitgestaltung*.

Neben dem Lesestoff im Schulfach Deutsch gab es in meiner Welt »nur noch« Hans Fallada. Dieser großartige Autor hatte seit meiner frühesten Kindheit eine Sonderstellung in unserem Haus, in unserer Schule, in unserer Stadt, weil er sich während der Nazizeit recht erfolgreich vor den Nazis versteckt gehalten hatte und nach dem Krieg von den Russen als erster Nachkriegsbürgermeister in unserer Gegend eingesetzt worden war. Das blieb er nicht lange, zu sehr hatte er mit Alkohol und Morphium zu tun, als dass er in unserer Gemeinde die neue sowjetische Ordnung hätte etablieren können.

Fallada war, wenn man so will, der erste Autor, der mich wirklich prägte. Seine *Geschichten aus der Murkelei* waren mein Bullerbü, *Kleiner Mann – was nun?* und *Ein Mann will nach oben* las ich neben meinem fröhlichen Teenagerleben. Später im Studium dann die anderen Großwerke *Jeder stirbt für sich allein* und *Der Alpdruck*.

Das ist für dieses unser kleines Büchlein hier insofern von nicht geringer Bedeutung, als dass die Sprache Hans Falladas der Boden wurde, auf dem sich später viele andere Autorinnen und Autoren eintanzen konnten (und manche eben auch nicht). Die klare, lebensnahe Sprache Falladas wirkte auf mich nicht so trocken und informativ wie die Texte in der Zeitung meines Vaters oder so seifig wie die Zeilen, die meine Mutter im Sonnenbad vor sich her las. Die Menschen in seinen Geschichten wirkten *real* auf mich, sie sprachen wie die Nachbarn, die ja auch nicht so redeten wie die Zeitung.

Ich litt mit den Helden und empfand die Welt als ungerecht, weil die sogenannten kleinen Leute immer die

Verlierer blieben und die sogenannten großen, mächtigen Reichen sich nahmen, was sie wollten. Das entsprach meiner heranwachsenden Wahrnehmung von Welt: um mich herum Menschen im *Hamsterrad,* diszipliniert, gestresst, sorgenvoll, immer knapp bei Kasse; irgendwo *oben* in der Ferne andere Menschen, die unfassbar reich schienen und die Welt, auch meine kleine Welt, lenkten und befahlen.

Fallada schärfte mit seinen Geschichten und Figuren einen ersten Eindruck von Gesellschaft in meinem Kopf.

Und dieser Typ, den ich gefühlt wie meine Westentasche kannte, lag da jetzt wieder in meinem Forsthaus in der Stube. *Der Trinker* war Teil der »Bibliothek des 20. Jahrhunderts«, einer Edition jenes Buchclubs, der später von dem sehr berühmten Medienkonzern aus Ostwestfalen aufgekauft werden sollte. Das waren an die einhundert Bände Großliteratur von Ilse Aichinger bis Stefan Zweig, herausgegeben von Marcel Reich-Ranicki und Walter Jens, zwei Namen, die mir damals gar nichts sagten.

Ich freute mich einfach nur, dass da jeden Monat ein Buch ins Haus segelte, das ich mir sofort vorknöpfen oder später in aller Ruhe genießen konnte. Da fanden sich neben *Der Trinker* von Fallada Anna Seghers' *Transit* und Thomas Manns *Doktor Faustus*. *Der Golem* von Gustav Meyrink lag unter *Der Steppenwolf* von Hermann Hesse, den mir die Schauspielerinnen und Schauspieler am Theater dringend empfohlen hatten, und eines schönen Tages segelten, und in diesem Fall möchte ich eher sagen *rumsten,* dann, die *Jahrestage* von einem mir unbekannten Uwe Johnson auf den frisch lackierten Küchentisch. Sie fielen allein schon deshalb auf, weil sie zweibändig waren und somit fortan im Buchregal permanente Dominanz ausstrahlten. Aber der eigentliche Sog entfaltete sich natürlich zwischen den Leinendeckeln.

Johnson hatte mich sofort. Dabei war mir die Sprache gar nicht gleich zugänglich. Sie wirkte im Gegensatz zu Fallada erst einmal sperrig, fordernd, verdreht im Satzbau. Auch das Erzählte musste ich aufwendiger in meinem Lesekopf sortieren als zum Beispiel die Ereignisse in Klaus Manns *Wendepunkt,* den ich wegen der darin erzählten Theaterwelt völlig berauscht durchgelesen hatte. Aber Uwe Johnson hatte drei schlagende Mittel, die mich banden. Zum einen die Tagebuchstruktur, die mir den Druck nahm, alles auf einmal lesen zu müssen. Zum zweiten die verschiedenen Zeitebenen, die sich gegenseitig beeinflussen und zum Teil ja auch erklären: Auf der einen Seite die alltägliche Gegenwart Gesine Cresspahls im New York der 1960er Jahre, die Beschreibung ihres amerikanischen Lebens dort, des Lebens ihrer zehnjährigen Tochter Marie, der Welt der Banken – das war *stark*, das war *cool,* das fütterte mein gieriges Fernweh, denn ich hörte ja trotz DDR-Jugend ausschließlich Musik aus Großbritannien und eben Amerika.

Demgegenüber die Familiensaga der Cresspahls und Papenbrocks in Mecklenburg, die in den dreißiger Jahren beginnt und sich bis Gesines Aufbruch Anfang der sechziger Jahre zieht – ich verschlang das wie eine Soap.

Der dritte Punkt war schlichtweg, dass der Großteil der erzählten Geschichte in Mecklenburg spielte, in meiner Heimat – quasi um die Ecke.

+++ Ist Wendisch Burg, die Schleuse, wo die Verwandten von Gesine und Heinrich Cresspahl leben und arbeiten, ist das die Wesenberger Schleuse +++ Sie fahren über Neustrelitz, meine Geburtsstadt, mit dem Südwestzug dahin +++ das würde passen +++ In Fünfeichen, das Lager, in dem Heinrich Cresspahl nach dem zweiten Weltkrieg jahrelang von den Russen eingesperrt und gefoltert wird, das war doch die Kaserne der NVA, die uns Jungen 1987 als zukünftiger Arbeitsplatz vorgestellt wurde, falls wir uns für eine Karriere als Berufsoffizier der Nationalen Volksarmee entschieden hätten +++ das Fischland ist mit Hiddensee wirklich der krasseste Ort an der Ostsee, da war doch mein Vater Chef des Kulturbundes und ging mit dem Dichter Johannes R. Becher am Strand spazieren +++

Weltliteratur aus der Heimat also?

Das war neu. Das war unglaubwürdig. Das war wirklich *cool.*

Und dann war da noch, quasi als Sahnehäubchen obenauf, diese scheinbare Ereignislosigkeit in *Jahrestage.*

Falladas Bücher übten so einen Sog aus, dass es immer stressig war, aufhören zu müssen, wenn irgendwas im *echten* Leben nach Aufmerksamkeit verlangte. Ich gierte danach, zu erfahren, wie es weitergeht, wie es endet, das durchzog alle Bücher und Theaterstücke, die ich in dieser Zeit las. Wird Christian Buddenbrook wieder in die Familie aufgenommen? Wer ist der seltsame Gast im Hause Leverkühn? Wird Egmont gewinnen? Wird Alex in *Clock-*

work Orange sich rächen? Diese Fragen mussten geklärt sein, vorher kam kein Buch ins Regal.

Aber der lange Atem, mit dem dieser Uwe Johnson erzählte, der hatte etwas seltsam Entspanntes. Es wirkte beruhigend und abweisend zugleich auf mich. Beruhigend, weil der Autor, der da erzählte, sehr unbeirrt und lässig sprach. Abweisend, weil es ihm egal schien, ob ich folgte oder nicht.

»Lange Wellen treiben schräg gegen den Sand, wölben Buckel mit Muskelsträngen, heben zitternde Kämme, die im grünsten Stand kippen. Der straffe Überschlag, schon weißlich gestriemt, umwickelt einen Hohlraum Luft, der von der klaren Masse zerdrückt wird, als sei da ein Geheimnis gemacht und zerstört worden.«

Das ist Lyrik und Super-8-Film in einem.

Der Fakt: die brechende Welle.

Die Metaphern: *Buckel – Muskelstränge – grünster Stand.* Schon wenn ich es hier so knapp wie möglich sortiere, braucht es Zeit, Pausen, um die einzelnen Bilder wirklich wahrzunehmen.

+ + + Wer oder was macht hier ein Geheimnis? + + + Die Welle kann aus sich heraus kein Geheimnis machen, das kann nur ich darin suchen oder sehen + + + Ein Sinnbild also, ein Sinnbild wofür? + + + Für das Leben an sich? Für ein Menschenleben? Für die vergehende Zeit, die alles in sich verschwinden lässt, ob man es nun mitbekommt oder nicht? + + + Oder ist es nur das Sinnen in der Zeit, und das Krachen der Welle signalisiert den Takt dazu? + + +

Und dann verschmelzen diese wieder zu einem inneren Film, nur ist das Brechen der Welle genauer beschrieben, als ich es je in der Beobachtung empfunden habe. Der philosophische Faktor Zeit, das eine Überthema dieses Romans, wird illustriert, ausgestellt, erlebbar gemacht.

»Johnsons Texte sind eine Anmaßung, denn sie fordern: ›Entweder Sie lassen sich ganz auf meine Welt ein oder Sie verlassen sie.‹« So hat es Thomas Brasch einmal beschrieben. Und wenn ich Uwe Johnsons eingangs zitierten Ansatz – »Ich habe das Buch so geschrieben, als würden die Leute es so langsam lesen, wie ich es geschrieben habe« – folge, passiert zumindest für mich etwas Verblüffendes: Es ist, als öffne sich hier ein zusätzliches Raum-Zeit-Kontinuum, das sich zu meinem ureigenen *Hier sitze ich und lese ein Buch*-Moment hinzugesellt.

Johnson zwingt uns mit sanfter Sturheit dazu, gleich von vornherein zu verweilen, nicht zu eilen. Nur in der Langsamkeit ist die Ungeheuerlichkeit dieses Anfangs zu kapieren. Sie ist der Schlüssel zu Uwe Johnson – da entsteht sein Sog.

Der Klang der brechenden Welle ist die Ouvertüre, mit der die *Mecklenburg-New-York-Opera* beginnt.

Die Auswirkungen des Wellenbruchs sind brutal: »Die zerplatzende Woge stößt Kinder von den Füßen, wirbelt sie rundum, zerrt sie flach über den graupligen Grund.« Nicht fröhlich juchzend, sondern stumm kratzend und überwältigt. Das tut weh. Das ist nicht schön. Die Szene ist kalt und hart.

»Jenseits der Brandung ziehen die Wellen die Schwimmende an ausgestreckten Händen über ihren Rücken.«

Auch hier die Kraft des Meeres, das mit der Frau letztlich machen kann, was es will.

Das *gezierte* Sprachbild ist ein Code für eine Wirklichkeit, für einen Gedanken, den Johnson nicht direkt erzählen will. Er nimmt einen Umweg. Im Umweg liegt Johnsons Geheimnis, als würde er sich auf vielen Wegen und mit allen möglichen, lyrischen, journalistischen, erzählerischen Mitteln diesem Geheimnis (einem Lebensgeheimnis?) nähern.

Der Absatz endet mit einem flirrigen, unruhigen Eindruck. »Der Wind ist flatterig, bei solchem drucklosen Wind ist die Ostsee in ein Plätschern ausgelaufen. Das Wort für die kurzen Wellen der Ostsee ist kabbelig gewesen.« Am Anfang aber stand: »Lange Wellen treiben schräg gegen den Strand.«

Also hier, wo wir sind in der Erzählung, ist es rauer als an der Ostsee. Kein harmonisches Bild, ein angespanntes!

»Geiler Film, diese *Jahrestage*!«, sagte der Filmproduzent einige Wochen später, als ich ihn auf einem der üblichen Branchentreffs sah. »Echt gut gemacht, *coole Story*! Vielleicht hast du doch recht, ich mein, da steckt ja viel drin, diese Zeitsprünge, die Schicksale und alles so krass komprimiert. Wie so ein Brennglas – ich glaub, ich werde auf meiner Weinreise da mal reinlesen. Das hat mich auf jeden Fall *gehooked*!«

Das wäre natürlich stark, wenn das so klappen würde, dachte ich. Eine Verfilmung, die immer nur Ausschnitt eines Buches ist, führt dazu, dass danach das ganze Buch gelesen wird. »Ja, lies da rein, aber lese es ganz und lass dir alle Zeit der Welt, sonst brauchst du gar nicht erst anfangen«, sagte ich.

Er machte die Geste eines Befehlsempfängers, der zu Diensten steht. »Genau so wird's gemacht! Auf der Weinreise – nach der Weihnachtsserie!«

Er verschwand im Getümmel der Filmmenschen.

4. Versuch

»Ich kann mir keine Prosa denken, die sich weniger aufspielt, die nur dienlich ist [...] und dies unerschöpflich.«

Martin Walser

Der Regen prasselt wieder auf die orange schimmernden Oberlichte. Es wird Nacht. Vor mir auf dem Schreibtisch liegt aufgeschlagen das Buch *Mutmassungen über Jakob,* die erste Veröffentlichung Johnsons, entstanden 1959, vor dem *Achim.*

In der Zeit im Forsthaus, als ich mich über Monate hinweg durch die *Jahrestage* wühlte, schenkte mir mein Vermieter, ein sehr erfahrener Schauspieler und Intendant, zu Weihnachten die *Mutmassungen* mit dem Verweis, wenn ich mich schon so früh in meinem Leben damit befassen wolle, dann sollte ich auf jeden Fall dieses Buch dazu lesen, spätestens im dritten Band würde es mir helfen.

Er kannte Johnson?

Natürlich kannte er ihn. Freunde aus dem Westen hatten ihn *beliefert.* Er hatte ihn in Zeitungspapier gewickelt gelesen. Aber das täte ja nun, 1992, nicht mehr not!

Natürlich stürzte ich mich auch in dieses Buch und kam relativ schnell nicht weiter. Ich suchte nach einer Addition zu den *Jahrestagen* – aber abgesehen von den Namen der Figuren blieb mir alles fremd. Also legte ich es weg.

Als ich dann Monate später im vierten Band las, Johnson erzählt von den Nachkriegswirren in Jerichow und Gneez, von Jakob und seiner Mutter in der Tischlerei und von Gesine, die sich ohne den verschwundenen Vater Heinrich im Gymnasium der Kreisstadt mit all dem ideologischen Neukram zurechtfinden muss, verstand ich, was der Vermieter meinte, und entschied mich, parallel zu lesen. Aber das brachte auch nichts, die Stile beider Bücher waren zu unterschiedlich, ich kriegte *Jahrestage* hin, *Mutmassungen* blieb mir fremd. Also legte ich das Buch wieder weg und ärgerte mich, weil ich es irgendwie nicht raffte.

Anfang der Nullerjahre hatte ich aus einem mir nicht mehr nachvollziehbaren Grund ein zweites Mal mit *Jahrestage* angefangen, in den Multiplexkinos der Welt begann gerade die zweite *Star-Wars*-Reihe sich zu entfalten, die *Prequels* zu den Ur-Filmen, da wurde mir klar, die *Mutmassungen über Jakob* sind eine Art Schnittstelle zwischen den beiden Erzählungen in *Jahrestage*: *Sequel* zu der Zeit in Mecklenburg, *Prequel* zu der Zeit in New York.

Da konnte ich es lesen, staunte, war begeistert, bin es noch.

Die Erzähltechnik ist härter, schärfer, geheimnisvoller als in *Jahrestage*! Wie ein extrem kalter Film Noir stellen sich die Story und die Art der Erzählung auf. »Nebelhaft« nannte es ein Journalist, der versuchte, Johnson zu dieser *Leseschwierigkeit* zu befragen. Der antwortete: »Ich habe bei der Geschichte, die darin steht, nur eine Form, eine Lösung gesucht, diese Geschichte zu erzählen. Es ist aber dabei keinerlei germanistische oder konstruktivistische

Geschichte vorausgegangen, sondern die Verhältnisse der Geschichte haben einfach die Darstellung bestimmt.«

Was ist die Geschichte?

Jakob, die Titelfigur, liegt tot neben den Gleisen.

Das ist der Ausgangspunkt, eine klassische Krimisituation: Was ist da passiert? Wurde er ermordet? War es ein Unfall?

Tatort, Sonntagabend. Wo sind die Kommissare?

Krimi ist natürlich das Genre, das uns alle großen Rätsel lösen lassen kann. Hundertausende wenn nicht gar Millionen fiktiv Ermordete und Totgeschlagene geistern durch die Bücher und Fernseher dieser Welt, und es gibt immer mustergültige oder verruchte *Special Agents*, die durch die zielorientierte Suche nach der Wahrheit in die fiktional gezauberte Lage kommen, das gestellte Rätsel (den Todesfall) eindeutig zu lösen.

Kriminalfall geklärt.

Welt in Ordnung.

War wieder gute Unterhaltung!

Dinnertime!

Das mag ja in der verabredeten Zeitspanne zwischen einem Entertainmentanbieter und einem unterhaltungsfreudigen Menschen vollkommen in Ordnung sein, Uwe Johnson hatte anderes im Sinn. Seine Erzählung ist nicht eng geführt und zielorientiert, sondern diffus und unverbindlich, wie man sich eben so fühlt im Nebel der Ratlosigkeit.

»Der Mann, um den es geht, ist tot am Ende der Geschichte, das ist überhaupt die Geschichte! Sie ist geschehen, bevor die Beteiligten anfangen, sich ihrer zu entsinnen. Das Erzählen fängt an, wenn die Geschichte zu Ende ist. Die Frage ist nun: Was bleibt von einem Menschen übrig im Gedächtnis seiner Umgebung. Das sind sehr verschiedene Dinge.«

Die Ratlosigkeit, die das Buch seinerzeit bei mir auslöste, ist im Prinzip die Ratlosigkeit der Erzählenden im Roman, die versuchen, sich den Tod eines jungen Mannes, den sie unterschiedlich gut kannten, zu erklären.

»– Aber er ist doch immer quer über die Rangiergleise und die Ausfahrt gegangen, warum, außen auf der anderen Seite um den ganzen Bahnhof bis zum Straßenübergang hätt er eine halbe Stunde gebraucht bis zur Straßenbahn. [...]

– Nun sieh dir mal das Wetter an, so ein November, kannst keine zehn Schritt weit sehen vor Nebel, besonders am Morgen, und das war doch Morgen, und alles so glatt. Da kann einer leicht ausrutschen. So ein Krümel Rangierlok ist dann beinah gar nicht zu hören, sehen kannst sie noch weniger.

– Jakob war sieben Jahre bei der Eisenbahn will ich dir sagen, und wenn irgendwo sich was gerührt hat was auf Schienen fahren konnte, dann hat er das wohl genau gehört.«

Starke Filmszene: Während wir im dunkelsten Nebelbahnhof einer Provinz nur Schritte und metallisches Quietschen hören, sitzen irgendwo in einer Kantine, in einer Kneipe, an einem Kaffeetisch drei Menschen, die wir nicht näher vorgestellt bekommen, zusammen und flüstern, klönen, *mutmaßen*.

Als Nächstes spricht wieder ein Jemand, aber es sind nicht markierte Dialogteile, keine Einordnung, wer da spricht, berichtet, erzählt.

Ein allwissender Erzähler? Ein weiterer Zeuge?

»unterhalb des hohen grossglasäugigen Stellwerkturms kam eine Gestalt quer über das trübe dunstige Gleisfeld gegangen, stieg sicher und achtlos über die Schienen eine Schiene nach der anderen, stand still unter einem grün leuchtenden Signalmast, wurde verdeckt von der Donnerwand eines ausfahrenden Schnellzuges, bewegte sich wieder. An der langsamen stetigen Aufrechtheit des Ganges war vielleicht Jakob zu erkennen, er hatte die Hände in den Manteltaschen und schien geraden Nackens die Fahrten auf den Gleisen zu beachten.«

Fjodor Dostojewski hat in seinem Ewigkeitsbuch *Schuld und Sühne* erzählt, wie ein Mensch zu einem Täter, zu einem Mörder wird. Auch das Warum erzählt er sehr ausführlich. Und neben allen soziologischen Streifzügen erleben wir ausführlich, wie der Gegenspieler des Mörders, der Aufklärer, der Kommissar, in eindrücklichen, zum Teil heftigen Ritardandos wie ein Tänzer und Beschwörer den Täter einkreist und zwingt, sich der Klarheit der Tat, des Mordes bewusst zu werden und zu dieser ureigenen Klarheit zu stehen.

Dostojewski erzählt das als allwissender Erzähler, der diese Geschichte scheinbar irgendwo aufgeschnappt hat und sie uns, dem unterhaltungsgierigen Publikum, ausführlich, chronologisch und zielorientiert darbietet.

Stramm, mächtig und sensationell macht er das, in einem hoch spannenden Furor, die Seiten fliegen nur so dahin, man will ja wissen, wie die Sache endet, gesteht der Mörder oder auch nicht oder wie oder was? Man fiebert mit Raskolnikow, dem Mörder, man ist eingeschüchtert von Porfiri, dem *Special Agent*, man ist niedergeschlagen von den Verhältnissen in Petersburg, vom Elend der Leute. Aber die eigentliche Hauptfigur der ganzen Geschichte ist eben nicht Raskolnikow oder Porfiri, nein, die Hauptfigur ist der Erzähler, Fjodor Michailowitsch Dostojewski, der uns die Figuren seiner Geschichte sensationell packend erzählt.

Diese Wucht des Erzählers, der wie ein düsterer *Impresario* allwissend eine wirklich dunkle Geschichte gekonnt performt, ist Johnsons Sache nicht. So etwas fände er, wenn ich es richtig deute, dem Gewicht der Geschichte unangemessen einerseits und andererseits gegenüber den Figuren nicht ausreichend. Er entschied sich, die Geschichte in die Stimmen und Köpfe der erzählenden Erzählten zu legen, sodass diese sich durch sie darstellt, nicht durch ihn, den Autor, der eher als ein Dokumentarist erscheint denn als *Impresario.*

Und mit einigen Figuren geht er noch ein Stück weiter, noch mal anders als mit den bis dahin anonym bleibenden Zeugen und Flüsterern. Sie kommen in einer Art innerem Monolog zu Wort, die innere Stimme, das intime Bekennen.

»Mein Vater war achtundsechzig Jahre alt in diesem

Herbst und lebte allein in dem Wind, der grau und rauh vom Meer ins Land einfiel hinweg über ihn und sein Haus.« Das sagt die »Tochter eines Cresspahl«, Gesine.

Es folgt die Vorstellung der Figur Heinrich Cresspahl über eine Art Chronisten, der genau weiß und sachlich berichtet, wie dieser Mann lebt; das hat was Amtliches und gleichzeitig Tratschendes. »Heinrich Cresspahl war ein mächtiger breiter Mann von schweren langsamen Bewegungen, sein Kopf war ein verwitterter alter Turm unter kurzen grauen scheitellosen Haaren. Seine Frau war tot seit achtzehn Jahren, er entbehrte seine Tochter. [...] Steuererklärung in Ordnung, Bankkonto bescheiden passend zu den Ausgaben in einer abgelegenen kleinen Stadt, kein Verdacht auf ungesetzliche Einkünfte.«

Aber dann übernimmt an dieser Stelle des Textes ein Ich-Erzähler, der offenbar sehr viel zu sagen hat über diesen Herrn Cresspahl, Vater dieser Gesine Cresspahl, bei der Jakob gewesen war, bevor er mit dem Interzonenzug in die DDR zurückkam und dann tot aufgefunden wurde. *»Achtundsechzig Jahre alt, Kunsttischler, wohnhaft Jerichow Ziegeleistrasse. Ich konnte und konnte mir nicht denken was das Referat Militärische Spionageabwehr mit dem gewinnen wollte. Diese Berichte von der Dienststelle Jerichow, quengelig, meistens private Anzeigen: hat dies gesagt, hat das zu verstehen gegeben. Hat öffentlich im Krug von Jerichow (glaube nicht dass da im Krug ›öffentlich‹ bedeutet, die kennen sich doch alle, na ja: öffentlich im Krug) das Lied gesungen von dem Hund, der in die Küche kam, der schiss dort auf ein Ei, da nahm der Koch den Löffel, und schlug den Hund zu Brei, da kamen die Hunde zusammen,* *und lobten sehr den Koch, und schrieben auf den Grabstein, geschissen hat er doch ... Das schreiben die nun auf. Geben wir ernstlich zu bedenken.«*

So echauffiert sich dieser Mensch, ein Herr Rohlfs, der wohl ein Agent ist, ein Schnüffler, ein Geheimtuer, in einem fließenden Kommentar vor sich selber über das, was er denkt, sieht, erlebt und tut.

Über vier Erzählstationen zeigt Uwe Johnson die Hauptfiguren seiner Erzählung. Doch eben nicht mit großer sicherer Geste und *Impresario*-Stimme, sondern durch Geschnatter, Geraune und Gedenke mehrerer Figuren.

Wozu der Aufwand? Vielleicht, weil der Erzählaufwand die eigentlich erzählte Geschichte, um die es geht, versperren würde und somit kein Gefühl, kein Gespür entstehen könnte für die Frage: Wie kann es sein, dass ein Mann, der sich so gut auskannte mit Arbeit und Gegend, in dem Alter, urplötzlich tot ist?

»Ich habe auch den ersten Versuch zu dem Buch auf eine ganz treuherzige Weise gemacht. Ich habe so ungefähr ein Viertel chronologisch geschrieben, dann ergaben sich Schwierigkeiten, etwa der Art, daß ein unbeteiligter Erzähler nicht gut die entschiedene Haltung und Meinung von Herrn Rohlfs wiedergeben kann, ohne sich in seiner allzu kritischen oder allzu ironischen oder allzu feindseligen Art dazu zu verhalten. Das schadet natürlich der Gestalt Rohlfs, und darum wurde aus Herrn Rohlfs ein innerer Monolog. Die Gewohnheiten, mit Hilfe derer man sich eines Verstorbenen erinnert sind eben Gespräche und erinnernde Monologe. Das ist dann alles so ziemlich von selbst gekommen.«

Zu Beginn dieser Geschichte gibt es nur viele einzelne Stimmen – Meinungen, Gehörtes, Getratschtes.

Alles andere ist unklar. Und weil keine Klarheit in Sicht ist, kann es erst mal nur darum gehen, davon zu erzählen, wie eine Klarheit entstehen könnte und so im besten Fall sich die Wahrheit über Jakobs Sterben zeigt. »Mit dem Schreiben möchte ich die Wahrheit herausfinden«, sagte Johnson mit klarem Anspruch.

Aber es ist schwierig, die Wahrheit einzukreisen. Jede hinzukommende Stimme des Geschnatters verhindert Klarheit, weil ein Geraune entsteht, ein Vielklang, der die Stille des Toten übertönt und mit Halbwissen, Tratsch und Mutmaßungen stört. Der Vielklang erzählt viele Wahrheiten und Jakobs Sterben wird zu einem Mythos, der geheimnisvoll scheint und rätselhaft bleibt – für alle Zeit. Obwohl der einsame Moment des Todes ein einfacher Augenblick war, der sehr klar und eindeutig beschrieben werden könnte.

Dieses in gewisser Weise sehr unbefriedigende Phänomen stellt Johnson aus – Gerede neben Gedenke, Ratlosigkeit vor Schnüffelei, Tratsch versus Besserwissen. Er erzählt damit nicht nur von Wahrheit und Lüge und Mythos, sondern vor allem von den Menschen – wie sie denken, warum sie eifern, mit wem sie tratschen.

Keinen Monat nach dem Bau der Mauer in Berlin 1961 und der Errichtung der innerdeutschen Grenze fasste Johnson im Gespräch mit dem Soziologen Arnhelm Neusüss dieses Grundthema seiner Arbeit zusammen: »Was ist denn die Wahrheit? Es gibt eine subjektive, die Erlebniswahrheit, die unter anderem an sich hat, dass ein Vorgang von fünf Minuten in der Erinnerung auf eine Sekunde zusammenschrumpfen kann, oder eine Sekunde weitet sich aus zur Unendlichkeit: Da ist nichts genau zu fixieren. Es gibt bei dieser subjektiven Wahrheit der Erlebniszeit auch Teilwahrheiten, einzelne Aspekte der Wahrheit, die gar nicht formulierbar sind. Wie wollen Sie zum Beispiel eine Gesichtsbewegung beschreiben? Sie können es mit einer Beschreibung des Ablaufs der Muskelbewegung versuchen, aber wo finden Sie im Muskelreflex die Verbindung zu dem, was er eigentlich bedeutet? [...] Dann gibt es auch objektive Wahrheiten, etwa die Geschichtsschreibung oder die Statistik, und dann gibt es noch die parteiische Wahrheit. Die Wahrheit des Sachwalters und die Wahrheit des Kanzlers. [Mit »Sachwalter« meinte Johnson den damaligen in Sachsen geborenen Generalsekretär der SED und DDR-Staatslenker Walter Ulbricht. Immer der schimmernde Schatten der Ironie: »Sach mal, Walter!«] All diese Teilwahrheiten: Sie mögen sich manchmal überdecken, mitunter bestätigen sie sich, aber sie alle greifen von ganz verschiedenen Aspekten her den Gegenstand oder den Vorfall oder das Gefühl an, und sehr oft widersprechen sie sich. Was ist denn da die Wahrheit?«

+ + + Subjekt + Objekt + X = Wahrheit? + + + Empfindung + Tatsache + Interpretation = Geschichte? + + + Ist das die Formel, mit der hier versucht wird, den unruhigen Kosmos der Wahrheitsfindung zu strukturieren? + + + Warum ist es überhaupt von Bedeutung, dass Wahrheit zu Recht und Geltung kommt? + + + Ist es am Ende aller Geschichten nicht gleich, ob eine Sache sich genau so zugetragen hat oder anders? + + + Hauptsache die Geschichte ist cool und hooked die Lesenden? + + +

In *Jahrestage,* dem empfundenen Opus magnum Johnsons, gibt es zahlreiche Variationen und Beispiele, die den Tanz um das goldene Kalb der Wahrheit darstellen, signalisieren, erzählen – als Collage, als Zitat, als Bericht, als inneren Monolog.

Ein Höhepunkt dieser von Johnson benannten Vielfältigkeit der Wahrheit und der daraus folgenden Ratlosigkeit ist die Erzählung über das Sterben von Lisbeth Cresspahl, geborene Papenbrock, Gesines Mutter, jüngste Tochter des Kaufmanns und Getreidehändlers Albert Papenbrock. Sie ging bis 1922 auf eine höhere Töchterschule in Rostock, war standesgemäß in eine Ehe nach Lübeck versprochen, lernte aber 1931 den achtzehn Jahre älteren Tischler Heinrich Cresspahl kennen, beide verliebten sich, heirateten und gingen nach England.

»Auf Familienbildern steht sie hinten, die Hände verschränkt, den Kopf leicht schräg geneigt, nicht lächelnd. Man sah ihr an, daß sie noch nie anders denn aus freien Stücken gearbeitet hatte.« So erzählt Gesine ihrer Tochter Marie von ihrer Mutter Lisbeth.

Nach eineinhalb Jahren mit Cresspahl in England entschließt sich Lisbeth kurz vor der erwarteten Geburt ihres Kindes, nach Mecklenburg zurückzugehen. Cresspahl, der sich aufgrund der politischen Situation in Deutschland Anfang der dreißiger Jahre eigentlich entschlossen hatte, nie wieder in seine Heimat zurückzukehren, folgt ihr aus Liebe. Nach der Geburt errichtet er eine Tischlerei auf dem gemeinsamen Erbgrundstück, während Lisbeth einen religiösen Wahn entwickelt.

So weit die Vorgeschichte.

Lisbeths Sterbensweg führt Johnson behutsam, peu à peu, bis er mit der niedergebrannten Tischlerei endet.

Er beginnt mit der Beschreibung eines Abschieds, der missglückt scheint. Vater Heinrich nimmt Tochter Gesine mit auf Reisen zu seinen Verwandten im Süden Mecklenburgs. Das Irritierende ist die Ausführlichkeit, mit der von diesem Abschied erzählt wird, als würde ein Fokus verschärft, die Kamera näher herangeführt.

»Gesine: rief [Lisbeth], als sie schon hinter dem Tor waren. Sie stand in der vorderen Tür, an einen Flügel gelehnt, die Arme locker unter der Brust verschränkt. Sie winkte, mehrmals, bis das Kind auch den Arm hochhielt und die Hand ein wenig bewegte. Aber das Kind zog an Cresspahls anderer Hand, und er vermochte später nur anzunehmen, daß sie gelächelt hatte beim Winken, und daß sie sich hätte umarmen lassen. Am nächsten Abend wurde meine Mutter noch zweimal gesehen.«

An dieser Stelle ist es doch wichtig, einmal zu erwähnen, wie Johnson in *Jahrestage* mehrere Konstruktionen entworfen hat, die das Epos erzählen.

Da ist zum Ersten der Autor Uwe Johnson, der uns diese Saga präsentiert, aber auch selbst in der Geschichte als Figur erscheint, worüber seine Hauptfigur Gesine mit ihm scherzt, spricht, mosert. Das ist dann auch die zweite Konstruktion; Gesine hat mit ihm, dem Autor, einen Vertrag geschlossen, dass er ein Jahr von ihr berichten darf, aus ihrem Leben und ihrer Geschichte. Die dritte große Konstruktion ist das Gespräch zwischen Gesine und ihrer Tochter Marie, die als neugieriges zehnjähriges Kind erfahren möchte, wie die Geschichte ihrer Mutter war. Uwe Johnson hat sich damit drei Erzählflächen gebaut, die ihm ermöglichen, für jeden Teil der Saga die plausibelste Perspektive zu wählen. Hier an dieser Stelle springt er beispielsweise einmal von sich zu Gesine, denn sie sagt den letzten Satz: »Am nächsten Abend wurde meine Mutter noch zweimal gesehen.« Das hat eine größere Kraft, ist persönlicher, denn gefühlt taucht da mehr oder weniger aus dem Nichts am Erzählhorizont ein Ende von etwas auf, wie ein Stromschlag oder Blitz, der mich um Lisbeth bangen lässt.

Ich erfahre dann, dass sie in Gneez, der Kreisstadt, im Kino war. Als sie das Kino verlässt, brennt die Synagoge der Stadt. Während ich lese, was mit Lisbeth geschah, werden parallel die Ereignisse der Reichspogromnacht in Gneez und Jerichow erzählt. In Gneez wird die Synagoge zerstört, in Jerichow das Kind der jüdischen Händlerfamilie von den Nazis ermordet. Das Grauen und die Brutalität, mit der die Nazis das Land überziehen, werden für Lisbeth, die fragile, die gottesgläubige, tugendhafte junge Frau und Mutter, eine untragbare Last. Sie stellt sich inmitten des Getümmels vor den Nazibürgermeister Jansen, schlägt auf ihn ein, ohne ihn ernsthaft verletzen zu können, bis sie ungestraft weggeführt wird.

»Ete Helms [der Dorfpolizist] hatte Cresspahls Frau sofort losgelassen, als sie außer Sichtweite der Zuschauer waren. Vor Papenbrocks Haus ließ er sie gehen, nahm beim Gruß die Hand an die Mütze. Nach Helms' Erinnerung ist sie in das Haus hineingegangen, aber gesehen hat er es nicht.« Mit diesem Cliffhanger entlässt uns Johnson aus dem Kapitel, und wir wissen nicht, was mit Lisbeth in dieser Nacht geschah – noch nicht.

Stattdessen führt uns Johnson mit Heinrich und Gesine nach Mecklenburg zu den Verwandten, und erst am Ende dieser Episode steht: »Es war Gesine, die am nächsten Morgen das Telefon hörte. [...] Sie kam eben in die Tür des Büros, als Martin Niebuhr [der Verwandte] den Hörer an Cresspahl weitergab. Es war gegen sechs Uhr morgens am 10. November. Meine Mutter war schon eine Stunde lang tot.«

Wieder die doppelte Erzählung. Johnson erklärt uns die Situation, und Gesine formuliert dann den entscheidenden Satz.

Danach gibt es einen Schock, einen Riss, eine Frage.

Was geschah? Wie kam Lisbeth zu Tode?

War es der NSDAP-Bürgermeister Jansen?

War es der Polizist Ete Helms, der sie bis zum Ziegeleiweg brachte?

Wie in den *Mutmassungen* gibt es eine Leiche und das Geheimnis ihres Sterbens.

Johnson nähert sich der grauenhaften Tatsache vorsichtig, so wie der Tischler und Witwer Heinrich es vielleicht erlebte, ich würde an dieser Stelle sogar sagen, es ist die Empfindsamkeit Heinrichs, mit der wir die folgenden Tage erleben.

Es hat gebrannt bei Cresspahl, und er wird nach seiner Rückkehr von einem Kommissar Vick dazu vernommen.

»Es ist alles säuberlich ausgebrannt, alles was westlich von den ehemaligen Ställen ist. Von den vier Türen, die östlich von der Werkstatt abgehen, sind drei durchgebrannt. Die vierte [...] war verschlossen und verriegelt. Dahin kam das Feuer zuletzt. Zu der Zeit war die Decke erst am Schwelen, aber der Sauerstoff muß verbraucht gewesen sein.

Was ehedem die Futterkammer war.

Da lag Ihre Frau.

War sie tot?

Nein. Sie ist gestorben, als sie nach draußen getragen wurde.

Ist sie am Feuer gestorben?

Sie ist nicht verbrannt, wenn Sie das meinen, Herr Cresspahl. Als vorläufige Todesursache haben die Medizinmänner Ersticken angegeben.«

Die Vernehmung, in der wir die kriminalistischen Fakten erzählt bekommen, ist trocken, schnell und ausführlich inszeniert, aber es ist nicht Chronik oder Bericht, auch nicht nacherzähltes mit Dialogstrichen markiertes Gespräch. Diese Vernehmung ist kursiv gesetzt.

Als wir das Hörbuch zu *Jahrestage* einlasen, fiel uns auf, dass solche kursiv gesetzten Stellen wie ein Echo scheinen, ein Geisterecho der schon Verstorbenen oder aber das Echo rasender Gedanken einer erzählenden oder handelnden Figur. Wer das Gespräch zwischen Vick und Cresspahl denkt, erahnt oder erinnert, erklärt Johnson uns nicht.

Als Nächstes erzählt er dann chronologisch Heinrichs Weg durch die Kreisstadt Gneez, wo dieser alle Formalitäten erledigt und dann zurückfährt nach Jerichow in seine Tischlerei, an den Ort des Grauens.

Wie Heinrich in den Hof und in das Haus eintritt, ist mit einer ruhigen, andächtigen Sachlichkeit erzählt, als würde er Schritt für Schritt nachempfinden, was die letzten Momente »seiner« Lisbeth waren. Er folgt den Spuren und erkennt darin ihr Handeln. »Dann legte sie die Leine über eine Sägekante und schnitt sie in kurze Stücke, die zum Erhängen nicht taugten. Nun brauchte sie nur noch die Lampe umstoßen. Hier brannte alles. [...] Dann hatte sie sich die Füße zusammengebunden, den Strick im Ring verknotet, damit sie nicht davonlaufen konnte. Wenn sie ganz benommen war, hat sie versucht, sich die Hände zu fesseln. [...] Als sie umfiel, mochte sie mit dem Hinterkopf gegen einen vorstehenden Balken gekommen sein; vielleicht war sie danach betäubt und wußte es nicht mehr. [...] Cresspahl wischte im Knien die Stelle frei, an der er Lisbeth vermutete. Der kreidende Umriß zeigte eine auf der Seite liegende Gestalt, die Arme lang am Leib, wie bei einer Schlafenden.«

Johnson hält uns bei Heinrich, und da Heinrich sich in Lisbeths Tun hineinversetzt, komme ich in eine doppelte

Empfindung. Ich entdecke wie Heinrich die verbrannte Tischlerei, vollziehe mit seiner Vorsichtigkeit Lisbeths Tun nach, erlebe aber auch ihre Hast und komme so in eine emotionale Lage, die sowohl der Heinrichs entsprechen kann als auch Lisbeths.

Die Traurigkeit, Verzweiflung oder Manie Lisbeths und die schwere Niedergeschlagenheit Heinrichs werden nicht geschildert. Sie schimmern, scheinen, wehen wie Nebel oder feiner Wind durch die Worte Johnsons.

Das ist beeindruckend geführt, auch formal. Erst das Gespräch mit dem Kommissar als Geisterecho in Form einer harten Vernehmung, dann die stille, geräuschlose Besichtigung des Brandortes, die fragil, aber sachlich Indizien schildert.

Als Letztes führt Johnson Heinrich und so auch uns zum Pastor Brüshaver. Heinrich gibt die Trauerfeier in der Kirche in Auftrag und erfragt dabei die Umstände am Morgen nach dem Brand. »Sie hatte auf der nördlichen Seite des Ziegeleiweges gelegen, auf einen braunen Uniformmantel gebettet [...]. Sie war von vielen Leuten umstanden [...]. Er [der Pfarrer] entschloß sich, Lisbeths Bekleidung zu verschweigen. Cresspahl fragte ihn. Lisbeth hatte einen blauen Morgenmantel angehabt, der aber offen war, und in dem Nachthemd waren durchgeglühte Stellen aufgefallen. [...] Das Gesicht schien ganz heil, bis auf frisches Nasenblut und einen Fleck offener Haut unter einem Auge. Dem rechten Auge. Berling hatte das Blut unter der Nase später ›Lungenblut‹ genannt, vom Ersticken.«

Mit dieser Diagnose des Arztes Berling führt Johnson die Schilderung von Lisbeths Sterben zu Ende. Es ist die Ruhe, die Intimität des Witwers Heinrich, die bei mir eine tiefe Traurigkeit auslöst.

Auf einer symbolischen Ebene ist der Selbstmord der gottesgläubigen jungen Frau auch ein Aufgeben einer Menschenseele vor der rohen willkürlichen Gewalt von machtbesessenen Menschenfeinden, die vor keiner Brutalität zurückschrecken – auch nicht vor dem sinnlosen Töten eines jüdischen Kindes.

Mit vorsichtiger Akribie und Empathie versucht Johnson, die Wahrheit über Lisbeths Tod einzukreisen. Er bleibt präzise und streng und gelangt schließlich zu einer Wahrhaftigkeit, die keine Wahrheit weiß, aber dieser so nahe kommt, wie es überhaupt nur möglich ist.

»Seitdem Uwe tot ist, hab ich bei ihm gelesen, daß das Ehrliche und die Wahrheit nicht das Letzte ist. Es ist die Genauigkeit. Diese ist es, mit der man leben sollte, dann kann man auch leichtsinnig und ungenau sein, wenn man weiß und nach Genauigkeit lebt. Genau. Aufn Punkt. Echt also.«

Vielleicht liegt in diesem kleinen Brief des Freundes und Schauspielers Wolfgang Neuss an seine Tochter ein knapper Hinweis auf etwas gigantisch Wesentliches, was Johnsons Arbeit markiert.

Wie dechiffriert man dieses Wunder Leben, das einen beschenkt oder plagt mit Wellen und Kanten, Chaos und Struktur, Gefühlen und Ignoranz?

Ein Weg: Man erträgt es und versucht, mit den Gefühlen zurechtzukommen.

Ein zweiter: Man beendet es aus freien Stücken.

Ein dritter: Man besieht sich die Fakten, studiert die Details, berichtet davon.

Ob das die Gefühle beruhigt, sei dahingestellt.

5. Versuch

»Über die Jahrestage *in Hinweisen sprechen zu wollen bleibt ein unsinniges Wagnis.«*
Hans Mayer

Natürlich ist Uwe Johnson nicht »*der* Autor meines Lebens«, denn diese Form von Hitparade oder Einschränkung macht den Kuchen trockener und den Kaffee kalt. Das ist ja viel zu viel Druck auf den einen Autor, viel zu hermetisch. Die Liste der Autorinnen und Autoren meines Lebens ist etwas länger als einzeilig, und neben Johnson werden immer wieder auch die Texte von Anton Tschechow, Fjodor Dostojewski, Emmanuel Carrère, Christa Wolf, Michail Bulgakow, Bert Brecht, Lutz Seiler, Nino Haratischwili, Balzac, Beckett und natürlich Shakespeare gelesen. Sie sind der Chor des Lebens, das zu viele Rätsel hat und zu wenig Antworten weiß.

Aber natürlich ist Uwe Johnson »*ein* Autor meines Lebens«, weil er wie kein anderer Schriftsteller, wie keine andere Autorin an meinem Leben entlang, durch mein Leben hindurch geschrieben hat. Die ganze Geografie in seinen Büchern ist mir, abgesehen von Sheerness-on-Sea in England und der Gegend in Vermont, zum Teil sehr vertraut.

Ich kenne viele dieser Orte, kenne diese Landschaften.

In der Gegend von Wendisch Burg, der Schleuse in *Jahrestage*, liegen alle Verwandten mütterlicherseits begraben, ein Onkel war dort Jäger. Fürstenberg an der Havel ist der Umsteigebahnhof, wenn man zu uns in die Wälder im Südosten Mecklenburgs will; hier haben wir als zehnjährige Kinder im Konzentrationslager Ravensbrück zum ersten Mal die Erfahrung einer KZ-Besichtigung gemacht. In Fünfeichen stand die NVA-Kaserne, wie Cresspahl wurde mein Großvater nach dem Zweiten Weltkrieg von den Russen als Bürgermeister eingesetzt, auch er war Tischler und Stellmacher, nur wurde er nicht verhaftet. Er und meine Mutter sprachen ausnahmslos plattdeutsch miteinander. *»Dat dau ick föe di, Cresspahl. Föe di dau ick dat. Öwe sühst du dat?«* Der Blick nach Lübeck und Dänemark von Hiddensee aus, von Groß Schwanensee aus; einmal im Jahr fahre ich in diese Gegend. Rostock läuft seit dreißig Jahren an meiner Seite, beinah hätte ich hier studiert, ging dann aber nach Berlin, weil die Schauspielschule in Rostock geschlossen werden sollte. In Güstrow Barlachs Atelierhaus, der Dom. Neustrelitz, meine Geburtsstadt. Jerichow, das ja auch Dasedow oder Brucknitz hätte genannt werden können, aber eben auch Jericho ist, und damit ist nicht das Jerichow in Sachsen-Anhalt gemeint.

Es ist jedes Mal eine Bildstörung, wie ein Tick, wie ein unscharfes Bild, wenn ich irgendwo in Deutschland über die ehemalige Grenze fahre. Ich muss schauen, was sie macht. Litten Menschen wie mein Vater, Johnson und viele, viele andere unter diesem Riss, der Leben zerstörte, Lebenswege neu formte, der Weltgeschichte wurde, so ist mein Wesen immer wieder darauf aus, diese Störung zu sehen. Immer der Hinweis zu vertrauten Mitreisenden:

»Hier war die Grenze.« Das unscharfe Bild speist sich aus dem Hier und Heute, wo aus dem Grenzstreifen wieder Wiese, Straße, Wohngegend wurde, und aus Fotos und Erinnerungen aus den Achtzigern, als die Mauer und die Grenze sichtbar und spürbar waren.

Aber Johnson ist insofern »der Autor meines Lebens«, weil er einem Kindheitstraum von mir sehr nahe kommt: der Idee einer Maschine, die den ganzen Strom des Denkens, den Lauf der Dinge und des Lebens festhält, niederschreibt, markiert. Ich nenne sie einfach mal TimeWriter. Seit frühesten Tagen hat mich immer genervt und zu Teilen auch verzweifeln lassen, ob nun in der Arbeit oder im Leben, dass es doch unfassbar ist, was an Gedanken, Gefühlen und Ereignissen im zermalmenden Strom der Zeit verlorengeht. Am Ende kann man sich im Denken, im Tun immer nur einer Sache wirklich widmen, parallel aber formulieren sich ja stetig Ozeane an Gedanken, Bildern, Klängen, die dann auch ebenso schnell wieder verschwinden. Immer das Gefühl, die besten Ideen zögen weiter.

Und dann taucht da so ein Autor auf, mit englisch aussehendem Nachnamen, und nach kurzer Eingewöhnung stellt man fest, dieser Autor zieht mich nicht an der Leine durch den Strudel seiner Sicht der Dinge, sondern da sammelt jemand so ausführlich wie möglich Stein für Stein aus dem Mosaik des Lebens auf und puzzelt mit großer Ausführlichkeit ein Panorama zusammen, was eben nicht die eine Story in sich trägt, sondern hunderte. Diese Art entsprach meiner Idee eines TimeWriter so sehr wie nichts davor.

Man kann dem großen Literaturwissenschaftler Hans Mayer, der in den Leipziger Studientagen einer der entscheidenden Lehrer Johnsons war, in keiner Weise widersprechen, wenn er es als »unsinniges Wagnis« bezeichnet, über die *Jahrestage* in »Hinweisen« zu sprechen. »Man muss sich diesem Buch ganz aussetzen, wie dem Proust, oder es ganz bleiben lassen«, so Mayers Zusatz.

Als Hans Mayer 1987 den Satz niederschrieb, war Uwe Johnson seit drei Jahren tot, präsent in der Welt der Literatur als frühverstorbener Großgeist, sein Werk wurde gelesen, besprochen, verehrt, abgelehnt. Literatur als diskursfördernde Einladung stand unangefochten im Zentrum der Gesellschaft. Es war selbstverständlich, Großliteratur wie *Jahrestage* oder *Zettel's Traum* von Arno Schmidt als solche zu benennen und sich damit ausführlich und zeitaufwendig auseinanderzusetzen.

Ich habe Hans Mayer einmal erlebt, das war Ende der neunziger Jahre in Frankfurt am Main am Schauspielhaus. Er war geladener Stargast, der sich mit dem damaligen Intendanten Peter Eschberg über Kunst, Kultur und Gesellschaft unterhielt, ich glaube, es war anlässlich seines Buches über Bertolt Brecht, der wiederum ein Vorbild Uwe Johnsons war, obwohl das Wort Vorbild ja auch gleich wieder etwas Verstellendes hat.

Für mich als junger Absolvent aus dem fernen Mecklenburg war der Abend im Hessischen insofern eindrücklich, als ich wenig verstand, aber merkte, dass hier jemand in gestochener Sprache und großen Bögen Geisteskunde betrieb, die in so eine bildungsbürgerliche Stadtgesellschaft, wie sie an diesem Abend in Frankfurt am Main zusammengekommen war, wirklich hinein-wirkte.

Mir ist ein Gedanke Mayers hängengeblieben, der heute wie ein Orakelspruch scheinen mag. Er sprach an diesem Abend sehr eindrücklich vom Ende einer Kulturepoche, in der wir uns damals gerade befunden haben sollen. Die ersten Handys tauchten auf, nur wer es sich leisten konnte, hatte schon Internet in der Wohnung oder überhaupt einen Computer.

Ich hatte beides nicht.

Er wies darauf hin, dass nach dem Ende des Kalten Krieges und mit den neuen Technologien sich die ganze Art von Wissensvermittlung und Informationsaustausch ändern würde und Literatur sich in ihrer Wirksamkeit im gesellschaftlichen Raum quasi neu erfinden müsse und sich somit auch Sprachkunst und Erzählformen ändern würden, aber vermutlich exponentiell schneller und spürbarer als in den Jahrzehnten davor. Er verglich den Epochenbruch mit der Nachkriegszeit.

Das hat mich schwer beeindruckt, denn ich hatte ja gerade gefühlt einen Epochenbruch, den Untergang der DDR, hinter mir – jetzt also gleich noch mal sowas?

Im Laufe der Jahrzehnte tauchte die Szene immer wieder auf, weil vieles von dem, was Hans Mayer an diesem Abend reflektierte und erzählte, Wirklichkeit wurde.

Heute, 2024, Johnsons ureigene Jahrestage stellen sich zum 90. und 40. Mal ein, ist Johnson nicht mehr selbstverständlich. Ein Großgeist, der in Vergessenheit geriet oder jenseits bestimmter Kreise schon komplett vergessen ist.

Vieles geht im Strom der Zeiten verloren, so eben auch der eine oder andere TimeWriter. Warum es mich bei Johnson schmerzt und ich es schlichtweg für falsch halte, hat mit dem Erzählten zu tun, aber fast noch ein bisschen mehr mit dem Wie seines Erzählens.

Nun scheint aber Letzteres zunächst den Zugang zum Erzählten zu verstellen, weil es Fragen aufwirft. Warum fließt der Text nicht leicht konsumierbar vor mir her, trägt mich sanft und unterhaltend in die Abgründe der Geschichte, der Seelen oder der Gebirge? Wieso habe ich das Gefühl, nicht sofort alles zu verstehen? Warum plattdeutsch? Warum Zeitungsartikel? Warum spricht der Autor mit der Hauptfigur? Warum taucht er urplötzlich in seiner eigenen Geschichte auf? Warum die Gedankenstriche?

Ich will mich doch einfach nur unterhalten fühlen. Zügig und spannend von A nach B bis Z getragen, gezielt gelenkt zu etwas leicht Verständlichem, Konsumierbarem, Witzigem oder Romantischem, was mich an Ereignisse oder Gefühle erinnert, die, ach, schon damals mich doch so bewegten.

Keine Komplikationen, Probleme oder Echtes!

Das Leben ist doch eh schon eins der härtesten!

Und jetzt könnte ich mich hier total darin verlieren, was Unterhaltung eigentlich meint.

+++ Entertain! Wer will wie warum von wem entertaint sein? +++ Was ist das in uns Menschen, dass wir anscheinend keine Leerstellen aushalten können, sie durch Unterhaltungstricks geschlossen werden müssen, damit sich alles anfühlt wie ein perfekt versiegelter Parkettboden? + + + Meint Unterhaltung Gespräch oder Ablenkung? + + + Ist ein gutes Gespräch Ablenkung? + + + Ablenkung wovon? + + + Vom Leben? Von der Wirklichkeit? Von der Wahrheit? + + + Von Tristesse? + + + Wollen wir uns unterhalten oder unterhalten fühlen? + + + Es soll einfach nicht langweilig sein! Wenn es langweilig ist, will ich es gar nicht erst lesen/sehen/hören! + + + Es muss einfach entertainen, ich will hooked sein! + + + Mit langer Weile kannst du mich killen! + + +

Ich könnte von Heideggers Text anfangen, den wir als junge Schauspieler im Rahmen einer Tschechow-Inszenierung lesen mussten, und ich würde vom Stöckchen aufs Hölzchen kommen, um zu verstehen, woher die Unterhaltungssucht in uns kommt, warum eine lange Weile schlecht oder traurig sein soll, wo ich es doch oft anders erlebe, also genau gegenteilig. Ich könnte die lange Weile feiern als den alles entscheidenden und unterscheidenden Seinszustand, der das Leben, inklusive bitterer Wirklichkeit, größer, weiter, höher und meinetwegen auch schneller macht als jede hektische kurze Weile.

Aber damit fangen wir jetzt nicht an. Es ist zwei Uhr morgens durch, der Regen über Altona ist zu einem Sturm mit gelegentlichem Hagel geworden, es prasselt also heftig, und vor mir liegen aufgeschlagen: die *Mutmassungen* und die *Jahrestage* Band 1 und Band 2.

Der Kopf summt.

Wenn man Johnsons Komposition als Ganzes durchleuchten oder auf zweiter und dritter Ebene spiegeln wollte, bräuchte man dazu gefühlt zwei parallel ablaufende Leben. Eines, um zu lesen, und eines, um das Panorama zu begreifen.

Es versteht sich also quasi von selbst, dass wir in Zeiten wie diesen Hans Mayers hochgeschätzten Rat ignorieren und uns im Prasseln des Nachtregens in die *Jahrestage* begeben, um »in Hinweisen« das Licht auf einzelne Momente zu lenken, auf dass ihre funkelnde Strahlkraft uns erhelle. So wie Edelsteine ja auch nur funkeln, wenn sie im Licht stehen.

Die *Jahrestage* wirken auch nach dreimaliger Beschäftigung wie ein Ozean. Das ist wirklich nicht poetisch gemeint, sondern schlicht und sachlich. Selbst bei Kenntnis der großen Zeitbögen in der Story ist es schwer, den Lauf einzelner Erzählspuren, Figuren oder Stile genau zu benennen. Wie in einem kleinen Boot schippert man auf der unruhigen See der Erzählung dahin. Das hat Vor- und Nachteile. Vorteilig ist das Versinken in einzelne Momente, wie bei einem Tauchgang, nachteilig das dauerhafte Gefühl der Unübersichtlichkeit.

Ich frage mich zum Beispiel, ob es möglich ist, die Anfänge der einzelnen Erzählfäden zu benennen, also Gesine und Marie in New York, Jakob, das Leben in New York, das Leben in Mecklenburg, die News der Gegenwart, Gesines Fragen, Gesines Sinnen?

Es ist natürlich möglich, und ich finde es geradezu berauschend, im Sinne von TimeWriting, wie Uwe Johnson die einzelnen Fäden miteinander verknüpft hat. Er beginnt nicht sofort mit einem Tagebucheintrag, sondern stellt uns wie in einem Trailer oder Vorspann alle Figuren vor. Wir kennen es heute aus etlichen Serien. Das war damals kein Standard, noch dazu als Text und nicht als Filmbild. Alle Fäden dieses Buches beginnen hier im Vorspann, liegen nebeneinander – die verschiedenen Zeitebenen, Szenerien und Figuren. Gesine Cresspahl und ihre Tochter Marie: »Die Leute im Nachbarhaus nehmen die Post an und lesen die Ansichtenkarten, die das Kind aus dem Ferienlager an ›dear Miss C.‹ schreibt.«

Das Meer vor Mecklenburg: »Nach solchem Regen hat die Ostsee einen gelinden, fast gleichmäßigen Saum ans Land gewischt.«

Der Rassismus und Antisemitismus in den Sechzigern und vor 1933: »Die dunkelhäutige Dienerschaft des Ortes füllt eine eigene Kirche, aber Neger [Johnson setzt das Wort als Zitat ein, um damit die Diskriminierung zu verdeutlichen, er selbst unterschied seinerzeit schon die Be- und Zuschreibungen der PoC] sollen hier nicht Häuser kaufen oder Wohnungen mieten oder liegen in dem weißen grobkörnigen Sand. Auch Juden sind hier nicht erwünscht. Sie ist nicht sicher, ob Juden vor 1933 noch mieten durften in dem Fischerdorf vor Jerichow, sie kann sich nicht erinnern an ein Verbotsschild aus den Jahren danach.«

Der Eisenbahner Jakob Abs, der Maries Vater wurde: »Am nächsten Morgen ist der früheste Küstenzug nach New York auf dem freien Feld vor der Bucht aufgefahren, invalides Gerät mit Pfandplaketten unter dem Firmennamen. Jakob hätte so verwahrloste Wagen nicht vom Abstellgleis gelassen.«

Die aktuelle Tagespolitik und die »Rassenunruhen« in New York: »An der israelisch-jordanischen Front ist wieder geschossen worden. In New Haven sollen Bürger afrikanischer Abstammung Schaufenster einschlagen und Brandbomben werfen.«

Und die moderne Großstadt New York, die für Gesine ein Arbeitsplatz ist und ein Lebensplatz wurde: »Sie steht schon lange in der Reihe der Wochenendurlauber und Tagesurlauber im Mittelgang, gelegentlich um einen halben Fuß vortretend, angetreten zum Rennen auf die Wagentür, die Rolltreppe, die verwinkelten Bauverschalungen des Pennsylvania-Bahnhofs, [...] auf die Rolltreppe aus dem blauen Gewölbe auf die Ecke der Zweiundvierzigsten Straße am Bahnhof Grand Central. Später als eine Stunde darf sie nicht an ihren Arbeitstisch kommen, und eine Stunde zu spät nur heute, nach dem Urlaub.«

Johnson markiert die Zeitsprünge in der Erzählung nicht. Er stellt Gesines Eindrücke neben ihre Denkwege und Erinnerungen und es entsteht ein Stream of Consiousness, der meinem kindlichen Ideal von TimeWriting sehr nahekommt. Ein Bilder- und Gedankenstreifen, der vor ihrem und damit unserem inneren Auge vorbeiflimmert.

»Sie wacht auf von einzelnen Regentropfen und sieht wieder das bläuliche Schindelfeld einer Dachneigung im verdüsterten Licht als ein pelziges Strohdach in einer mecklenburgischen Gegend, an einer anderen Küste. An die Gemeindeverwaltung von Rande bei Jerichow. Als ehemalige Bürgerin von Jerichow, und als ehemals regelmäßige Besucherin von Rande, bitte ich Sie höflichst um Auskunft, wie viele Sommergäste jüdischen Glaubens vor dem Jahr 1933 in Rande gezählt wurden. Mit Dank für Ihre Mühe.«

Ich beobachte sie und bin ganz bei ihr. In aller Ruhe und Stetigkeit, ein Rhythmus, der sich nur dem Rhythmus der erzählten Details angleicht, kein Gramm zu viel, wie ein befreundeter Regisseur sagen würde, keine unnötigen Schlenker, aus dem Leben von Gesine Cresspahl im August 1967 irgendwo südlich von New York City.

»Das Dorf liegt auf einer schmalen Nehrung vor der Küste New Jerseys, zwei Eisenbahnstunden südlich von New York. Die Gemeinde hat den breiten Sandstrand abgezäunt und verkauft Fremden den Zutritt für vierzig Dollar je Saison, an den Eingängen lümmeln uniformierte Rentner und suchen die Kleidung der Badegäste nach den Erlaubnisplaketten ab.«

Im Uwe-Johnson-Archiv Rostock hatte ich Einblick in die Manuskripte. Der Beginn der *Jahrestage* ist quasi unkorrigiert so vom Autor entworfen worden. Das ist insofern so beeindruckend, als es beim *Achim* und auch bei den anderen Werken durchaus Vorstufen der Annäherung gibt, die die Suche Johnsons nach der richtigen Form zeigen. Aber *Jahrestage* hatte er sozusagen gedanklich vorformuliert und quasi in erster Hand niedergeschrieben.

Da verfalle ich dann gleich wieder in Bewunderung.

6. Versuch

»Johnsons Buch ist ein sprachliches Kunstwerk, seine stilistische Meisterschaft ist unbestritten.«
Hans Bunge

Dem Autor, Dramaturgen und Regisseur Hans Bunge, der das 1964 gesagt hat, kann man getrost zustimmen. Das war ein Mann vom Fach: Brecht-Spezialist, Kenner der Literaturszene seit dem Zweiten Weltkrieg. Und auch wenn er das nur auf die *Mutmassungen über Jakob* bezog, übernehme ich als Nachgeborener diesen schwebenden Satz und beziehe ihn auf Johnsons Gesamtwerk.

Nun ist bei solchen glasklaren Zitaten ja immer die Frage, was meint das eigentlich genau? Sprache. Kunst. Stil. Meister.

Was sind diese Räume, die Bunge aufmacht und verbindet?

Es gibt zu Johnsons Sprache, wie schon beschrieben, allerlei Haltungen. Meine Wenigkeit feiert sie sehr, anderen ist sie zu kompliziert, sie finden keinen Zugang, Dritte erkennen die Dichtkunst, lehnen sie aber als hyperaffektiert und manieriert ab, und dann gibt es ja noch die Forscher, Archivarinnen und Spezialisten; für sie ist sie wie Wasser, das sie zum Leben brauchen. Das sagte mal jemand zu mir, als ich ihn fragte, ob nach dreißig Jahren Johnson nicht auch mal Schluss sein sollte. Das gehe ja nicht, bei Johnson gebe es keinen Schluss.

Ich übernehme an dieser Stelle wie ein sanftmütiger Raubritter erst einmal von Hans Mayer den Begriff »Johnsonsch«. Damit beschreibt Mayer die Sprache seines Studenten in Schrift und Gespräch. »Johnson sprach in jedem Augenblick wie Johnson, auch wenn er vortrug. [...] Alle Leute, die Kafka erlebt haben, sagen, dass Kafka immer wie Kafka sprach. [...] Brecht, mit dem ich viel gearbeitet und den ich gut gekannt habe, war in jedem Augenblick Brecht. [...] Bei Brecht, Kafka und Johnson waren in der Beziehung auch im Sprechen das Werk und der Mensch eine vollkommene Einheit.«

Also abgesehen davon, dass Hans Mayer Uwe Johnson in diese Reihe stellt, tut sich die Frage auf, was jetzt genau Johnsons Sprache war. Da kommen wir sehr schnell an Grenzen, denn die Vielfalt seiner Sprache, seines Sprechens ist nicht eben mal so überschaubar. Sie ist unermesslich und scheint dadurch ungeheuerlich. Ungeheuerlich, nicht weil das so ein toll krachendes, nebliges Wort ist, sondern weil man neben dem beinahe klassischen Johnson'schen Zitattonfall, dem des Chronisten, des Erzählers, des Kommentators, eine Sprache erkennt, die es ihm ermöglicht, Menschen kenntlich zu machen – möglichst klar und präzise und sie trotzdem durch seine Sprache, durch die manchmal gescholtene Syntax oder eben die Geziertheiten schützt. Oder sie, wenn eine Figur sich sehr aus dem Fenster lehnt in ihrem Tun oder Sprechen, auch mal bloßstellt.

Mir fällt da sofort die Tochter Stalins ein, *Stalina,* von der in den *Jahrestagen* immer wieder erzählt wird, weil die *New York Times* 1967 groß von ihr berichtete. Oder auch die Stelle, an der Uwe Johnson seinen ehemaligen Mitstreiter und Kollegen Hans Magnus Enzensberger vorführt.

»Herr Enzensberger hat an den Präsidenten der Wesleyan University öffentlich geschrieben, daß er als Stipendiat beim dortigen Institut für fortgeschrittene Studien zurücktritt, und er beginnt mit grundsätzlichen Erwägungen. Er bekennt öffentlich, daß die herrschende Klasse in den Vereinigten Staaten von Amerika (die Regierung eingeschlossen) in seinen Augen die gefährlichste Gruppe von Menschen auf Erden ist. The most dangerous body of men on earth. So hat es auch Paul Goodman im vorigen Oktober in einer Rede vor Rüstungsindustriellen gesagt: Sie sind, gegenwärtig, die gefährlichste Gruppe von Menschen in der Welt. Body of men. Wer wird denn pingelig sein wegen eines Zitats. In der Welt; es klingt so alltäglich. Nein: auf Erden. Feierlich, nachhallend. Biblisch allemal. Auf Erden. Weil Herrn Enzensberger dies vor drei Monaten noch nicht bekannt war, will er das Land nach drei Monaten öffentlich verlassen.«

Hans Mayer berichtet von dem Studenten Johnson: »Er sprach ohne Zwang, sondern mit einer Verbindung von Understatement, von Zitaten und ›Eh-scho-Wissen‹, wie die Wiener sagen, wo man sich in Andeutungen verständigen kann und weiß, der andere versteht es auch. Johnson sprach so. Johnson sprach gerne in Zitaten.«

Der entscheidende Hinweis liegt für mich hier in dem englischen Wort *Understatement* – Untertreibung. In der Schauspielerei, besonders im Film und Fernsehen, ist dies ein sehr geschätztes Mittel, um Coolness, Geheimnistuerei oder auch Ahnungslosigkeit von den zu spielenden Dingen zu erzählen. Technisch heißt das eigentlich nur, dass man sich nicht in die Karten gucken lässt und man Herr oder Frau der Lage ist. Man wirkt nicht naiv, sondern souverän.

Auch das mit den Zitaten ist ja beinahe dringend notwendig hervorzuheben, da die schon beschriebene erzählerische Bescheidenheit, das sich nicht in den Vordergrund Drängen des Autorenegos, mit dem Zitieren, ich will mal sagen, gesichert ist. Es ist eine Form des epischen Theaters, wie ich es an der Schauspielschule Ernst Busch in Berlin lernen durfte: Studiere die Menschen im Alltag, lerne, sie zu imitieren, und bringe sie mit all deiner höchstpersönlichen Menschenkenntnis auf die Bühne, vor die Kamera – und genau das macht Uwe Johnson mit Grandezza. Ich hätte hier auch Reinkultur schreiben können, aber das würde technisch bleiben. Grandezza ist mythisch, und das hat sehr viel mehr mit Uwe Johnson zu tun, als man vielleicht denken mag. Diese epische Grandezza orientiert sich an den Figuren und ihren Geschichten, sie, nur sie sind der Maßstab der Erzählung und des Stils. Diese spielerische Weite macht ihn zu dem Epiker, den ich anderen schreibenden Menschen so dringend, ich sag jetzt mal, empfehle.

Das ist seine Kunst: Hinhören, Verstehen, Weitersagen!

Und aus diesem Grund hat er nicht den einen Stil.

Sein »Stil« ist das Spiegeln der Welt, wie sie ihm begegnete.

Er imitiert beispielsweise in einem Brief des Gemeindevorstands von Rande an Gesine die Amtssprache der DDR: »Sie werden verstehen, daß es uns nicht freundlich berührt, von Ihnen einen Brief aus den Vereinigten Staaten von Amerika zu bekommen, aus einem Land, das einen gnadenlosen Ausrottungskrieg gegen das tapfere vietnamesische Volk führt, von einer Bürgerin, die nicht nur ihr Heimatland verlassen hat, zu einer Zeit, da es hart um seine Existenz kämpfen mußte und die Hilfe jedes Einzelnen unabkömmlich war, sondern auch den Sozialismus verraten hat.

Dies sind die Voraussetzungen, die wir bei der Einschätzung Ihrer Anfrage heranziehen müssen. [...] Was kann ein Mensch, der in das Lager des Klassenfeindes desertiert ist, vorhaben mit gewissen Daten aus der Vorgeschichte der Deutschen Demokratischen Republik, die aus einer vor seiner Geburt liegenden Zeit stammen?«

Er portraitiert die Menschen in ihrer Sprechweise und damit in ihrer Denke. Das klingt manchmal seltsam, ist aber für mich fast der größte *Spaß*, weil ich die Menschen in Betrachtung und Erleben kennenlerne, so als würde eine Top-Schauspielerin sie mir darstellen – und da wird es bei Uwe Johnson eben ungeheuerlich, denn er ist so frei in der Wahl seiner Mittel, dass es fast *jazzy* ist, wie er vorgeht.

Nehmen wir Marie, zweite Hauptfigur der *Jahrestage*, Tochter von Gesine Cresspahl und Jakob Abs, Enkelkind Heinrichs, zehn Jahre alt. Johnson beschreibt sie nicht, er zitiert sie, so lernen wir sie kennen.

»– Meine Zöpfe sind nicht deine Zöpfe, und ich schneide sie ab, wann ich will.

– Mein Großvater war wohlhabend [...]

– Ich kann Blut sehen. Ich will Ärztin werden. [...]

– Mein Vater war Delegierter bei der Internationalen Fahrplankonferenz in Lissabon. Er vertrat die Deutsche Demokratische Republik. [...]

– Meine Mutter ist im Bankfach.

– Meine Mutter ist aus einer Kleinstadt an der Baltischen See, man muß sie das nicht fühlen lassen.

– Meine Mutter hat die schönsten Beine auf dem ganzen Fünferbus, oberhalb der 72. Straße.

– Väter haben so einen verhungernden Blick.

– Bring our boys home!

– Schwester Magdalene ist eine Sau. [...]

– Meine Mutter fliegt immer mit mir in derselben Maschine, damit wir zusammen sterben.

– Wenn John Kennedy lebte, wäre alles besser. [...]

– Heirate doch, aber ich will keinen Vater. [...]

– Nach zwei Jahren wollte meine Mutter zurück nach Deutschland, und ich habe gesagt: Wir bleiben.«

Er wirft scheinbar willkürlich Sprüche hin, die aus dem Munde des Mädchens kommen – ich lerne ein selbstbewusst scheinendes Kind kennen, das seine Zeit sehr genau wahrnimmt, an seiner Mutter hängt, aber alleine klarkommen will. Ich habe eine Stimme im Ohr und höre wenig Zweifel, außer vielleicht bei dem Satz über Kennedy. Es wirkt wie eine Bleistiftskizze. Das Wesen dahinter, die Seele hinter den Sprüchen und später hinter den vielen Fragen, die sie im Laufe des Romans stellen wird, leuchtet er nicht aus. Er nimmt nicht die Farbpinsel in die Hand, um uns ein naturalistisches oder fotografisches Portrait zu entwerfen. Er zitiert nur die Sprüche des Mädchens.

Als wir das Hörbuch *Jahrestage* einlasen, fragten der Regisseur und ich uns natürlich einiges: Wie lese ich das als fünfzigjähriger Mann? Einfach eine Rolle interpretieren, meine Stimme in ihre Stimme verwandeln, das wäre ja schon rein technisch nicht gegangen. Er zitiert ihre Sätze, aber wie ist der Gestus? Da lässt er freies Spiel – er schreibt ja nicht: »›Heirate doch, aber ich will keinen Vater‹, schrie sie ihrer Mutter ins Gesicht.«

Johnson nähert sich Marie vorsichtig, er lässt sie sprechen, als würde er vor ihr stehen und ihr zuhören. Aber wie hört er zu, und was erzählt er weiter? Vielleicht erzählt Johnson das Kind Marie doch von innen heraus, aber aufgrund ihrer Kindlichkeit, ihres noch so jungen Lebens kann diese Person erst mal nur aus Zitaten bestehen? Die Sätze, die sie sagt, sind ihre Welt. Und das, was sie noch nicht begreift, wird sie erfragen, wissbegierig, leidenschaftlich, mutig.

Ich bilde mir ein, dass darin vielleicht auch etwas Persönliches von Uwe Johnson versteckt ist, etwas, das er sich für das Menschsein an sich wünscht. Aber fürs Erste halten wir fest: Der Schlüssel zu Marie liegt im Zitieren, im Nachplappern, im Wiedergeben von etwas Aufgeschnapptem.

Eine Figur ganz anderen Schlages ist der Jerichower Anwalt Avenarius Kollmorgen. Ihn erzählt Johnson eine Zeitlang eher beiläufig, und dann gibt es den einen Moment, wo er ihn portraitiert mit einem Text, der ein sehr inniges Betrachten des Autors ist, den ich aber auch immer als eine Art inneren Monolog gelesen habe, sodass wir quasi ganz zu diesem Charakter werden. Und das trotz der Er-Konstruktion, so als würde der Advokat »in erhabener Unterhaltung« mit sich über sich selbst in der dritten Person Singular philosophieren. Darin steckt eine Haltung, eine Psychologie, ohne dass sie analytisch wird, sie bleibt spielerisch, gestisch und erzählt so die Figur beschreibend und empfindend.

»Er saß oft genug allein in der Nacht. Er hatte gelesen von der Entsagung des Alters; ihm ging es so nicht mit den Menschen und nicht mit den Genüssen. Nicht daß er der Leute bedurfte, lediglich ihrer Gesellschaft. Im Inneren wünschte er allein gelassen zu werden. Er hatte sich von seinen Eltern getrennt, indem er nicht die gewünschten Künste studierte, sondern die Rechte. Er war hinweg über einen Vornamen, den andere als Familiennamen zu schriftstellerischer und philosophischer Berühmtheit geführt hatten [...]. Auch hatte er es geschafft, sich von innen zu sehen nicht als jenen ›Avi‹ in der wismarer Stadtschule, nicht als jenen ›Arius‹ in Erlangen, wahrhaftig als den echten und geheimen Avenarius Kollmorgen, der sich Keinem mehr auf die Nase band. Diesen Avenarius kannte er als ein sanftes, verletzliches Wesen. Nun gut, er war in keiner Kunst aufgefallen. Sehr wohl, er war aus Rostock weggegangen in eine sehr viel kleinere Stadt an der See, wo er nicht leicht zu finden war. Allerdings, er lebte allein. Welcher Frau denn hätte er sich ausdeuten können? Die Kinder, die ihm Sprüche nachschrien, die Jerichower, die seinen Gang und seine Redensarten erheiternd fanden, mochten sie ihn für verschlagen halten, für hochmütig, für schrullig überhaupt. Das war eine so schlechte Tarnung nicht.«

Es kommt im Laufe der Geschichte 1933 zu einem Moment, in dem Heinrich Cresspahl von seinem zukünftigen Schwiegervater Albert Papenbrock ein Grundstück als Erbangelegenheit für die neugeborene Gesine geschenkt bekommen soll. Der Anwalt Kollmorgen lädt beide Männer zu sich ins Haus ein, um die rechtlichen und finanziellen Schritte gemeinsam bei einem Glas Wein zu bedenken, zu besprechen. Der Abend läuft anders, als der mächtige Albert Papenbrock sich das vorher gedacht hatte, ganz zum Vergnügen des Anwalts Kollmorgen.

Die ganze Szene lebt aus der Betrachtung und den inneren Kommentaren Kollmorgens, sein amüsierter, zunehmend alkoholisierter Blick auf die beiden Männer und ihr Geschäft bekommt dadurch eine verschleierte, aber stechende Komik, gleichzeitig liefert uns Johnson auch noch die Kommentare zu den beiden Männern, immer aus dem Blick des Anwalts. Am Ende des Abends, Papenbrock und Cresspahl sind auf dem Heimweg, schenkt Johnson dem angetrunkenen oder schon besoffenen Anwalt noch einen zweiten Monolog, eine Arie, einen Close-up, wenige Sekunden, die uns sein Denken erzählen, sein Sehen, seine Traurigkeit, seinen Witz.

»Es war ein schöner Abend für Avenarius K. gewesen. Sogar die private Armee dieses Österreichers, dieses ... Hitler, hatte für diesen Abend verzichtet darauf, auf dem Marktplatz zu grölen und hineinzubrüllen in ein Schauspiel, das ausgefallen war, als hätte Avenarius einen Wunsch tun dürfen. Der verkürzte, derbe Herr blieb an einem Fenster stehen und schob seinen mächtigen Kopf zwischen den Gardinen hindurch und betrachtete den nächtlichen Marktplatz, der zwischen den weiß leuchtenden Giebelhäusern vor ihm lag wie eine ungeheure Bühne. Einmal sollte eine solche Bühne aufgebaut sein für Avenarius, vor aller Zuschauerschaft zwischen Wismar und Lübeck, daß er einmal sich darstellen konnte als das weise und doch tief fühlende Wesen, das er in Wirklichkeit war. Sie würden es nicht verstehen. Er benötigte nicht ihre Versuche, ihn zu verstehen. Sie konnten nicht anders, als ihn verfehlen. Er wollte gern zufrieden sein, allein wie er war. So störte ihn niemand bei der erhabenen Unterhaltung, die niemand als er aus den banalen Geschäften der anderen erbauen konnte. Jedoch, dem Recht die Ehre: er hatte einen solchen Abend nicht erwarten dürfen. Auf so viel Vergnügen hatte er kein Recht. Wenn aber er darauf kein Recht hatte, so auch nicht auf noch eine Flasche Pommard; da aber er das eine dennoch bekommen hatte, mußte er sich das andere holen. Anders kam die Welt nicht in Ordnung, und die Ordnung lag ganz bei ihm. Geh in den Keller, Avenarius.«

Es ist gar nicht mal so einfach, hier, im Sinne von Time-Writing, die Sprünge oder Wechsel festzuhalten, die Johnson mit seiner Sprachkunst verwischt. Es zieht sich ja durch das ganze Werk, wirklich durch alle Bücher, wie er zwischen den Perspektiven springt. Als würde er Masken, Erzählmasken, auf- und abziehen, je nach Nähe oder Distanz zu Erzählstoff oder Figur.

Bis »Anders kam die Welt nicht in Ordnung, und die Ordnung lag ganz bei ihm« sind wir quasi der aus dem Fenster starrende Kollmorgen, der in erhabener Unterhaltung mit sich selbst über sich spricht. Ein schöner schräger Moment. Etwas melancholisch, ein bisschen böse, aber auch sehr weinselig. Johnson spricht ganz aus der Präzision und Langsamkeit des Avenarius heraus. Dann der letzte Satz: »Geh in den Keller, Avenarius.« Nach dieser langen Szene und dem inneren Nachglühen am Fenster eine direkte Aufforderung. Glasklar! Keine Spielerei, keine sprachliche Doppelbödigkeit. Aber wer spricht sie, wem schenkt der *Puppenspieler* Johnson sie? Ist es Avenarius, der sich im Rausch selbst befiehlt, noch eine Flasche Pommard zu holen, oder ist es Johnson, der wie ein Regisseur seinem Darsteller zuflüstert, was er tun soll?

Beides ist möglich.

Ich weiß gar nicht, für welche Variante sich die Regie beim Hörbuch entschieden hat. Wir haben beide eingelesen, ich fand das betrunkene, gemütliche Selbstgemurmel Kollmorgens etwas lustiger.

Eine dritte Figur muss ich hier noch erwähnen, weil sie das Meisterliche Bunges und das Theatrale Brechts zeigt wie kaum ein anderes Portrait in *Jahrestage*: die *New York Times.*

Sie liefert die *News,* die den Rhythmus des Buches vorgeben. Jeden Tag gibt es *News,* sie markieren die Gegenwart und die vergehende Zeit. Wer ist das, fragen sich Johnson und Gesine, mit dem man so viel Zeit verbringt?

»Eine ältere Person. [...] Jedoch die New York Times kommt Gesine vor wie eine Tante aus vornehmer Familie. Die Familie hat sich ein Vermögen erarbeiten lassen, jedoch nicht in brutaler Art, schlicht zeitgemäß. Die Familie hat sich verdient gemacht um alle Regierungen, und alle Regierungen stehen im Geschichtsbuch. Die Tradition der Familie setzt sich in dieser überlebenden Tante fort. Gesine stellt sich ihr Alter vor, eine hagere Figur, harte Falten im Gesicht, bittere Mundschwünge, allerdings dunkle und elegante Kleidung, Beharren auf hochgesteckten Frisuren, eine verkratzte Stimme, Lächeln nur in den Augenwinkeln. Nie Jähzorn. In ihrer Haltung, wie sie die Beine hält, kokettiert sie mit ihrem Alter, es ist der Beweis für ihre Erfahrungen. Sie ist in der Welt unterwegs gewesen, sie hat dem Leben ins schmallippige Antlitz geblickt; ihr kann man nichts vormachen. Sie hat ihre Affairen gehabt, aber sie war beileibe keine Abenteurerin, es ist alles standesgemäß zugegangen in den besten Hotels in Europa; das liegt hinter ihr. [...] Die Tante raucht (Zigarillos), sie trinkt auch von den harten Sachen. [...]

Jedoch ist diese Person nicht nur angenehm.

Ihre Manieren sind nützlich, sind bildend.

Sie brüllt nicht, sie hält Vortrag. [...]

Sie erwähnt Hörensagen als Hörensagen.

Sie läßt noch zu Wort kommen, wen sie verachtet.

Sie spricht mit den Sportlern in der Sprache der Sportler.

Noch auf die Veränderung der Natur weist sie hin.

Sie hilft den Armen durch milde Spenden, und sie untersucht die Armut nach der Wissenschaft. [...]

Sie ist unparteiisch gegen alle Arten der Religion. [...]

Sie gesteht gelegentlich Irrtümer ein. [...]

Sie hat die guten Formen mit dem Löffel gegessen. Warum sollten wir ihr nicht vertrauen?«

Aber wie liest man das? Marie, Avenarius, die gute Tante Times und all die anderen Portraits und Erzählmasken. Johnson spielt mit vielen Stilen, Rhythmen und Erzählstimmen, ist aber kein unzuverlässiger Erzähler. Er ist der absolut zuverlässige Erzähler, der mit Akribie und Kenntnis so viel wie irgend möglich miterzählt.

Wenn man es informativ und pointiert lesen will, zügig fließend, dann wird man scheitern. Es ist nicht möglich, passiv zu lesen. Johnson verlangt aktives Lesen, und damit ist nicht das Bewegen der Augen von links nach rechts und von oben nach unten gemeint. Vielmehr öffnet er wie ein Guide einen Vorhang, ein Portal, durch das man hindurchmuss und hinter dem man sich wie in einem Escape Room die einzelnen Tage erliest. Das braucht seine Zeit.

Es kam oft vor, dass ich während des Einlesens der Hörbücher aus der Kurve flog, weil ich zu schnell, zu sicher, zu gekonnt sein wollte. Es war dann jedes Mal, als würde Johnson das Spiel abbrechen und sagen, fang noch mal von vorne an, konzentrier dich. Geht man in die Ruhe, in die Aufmerksamkeit, so wie er den Figuren gegenüber aufmerksam war, und trifft seinen Rhythmus, sein Tempo, dann trägt er einen. Aus Buchstaben werden Nahaufnahmen, aus Wörtern Straßenzüge, aus Sätzen Panoramen. Dann ist diese Sprache nicht mehr sperrig oder geziert, dann ist sie folgerichtig, geradezu logisch, plauderhaft und von großem Understatement.

Und wenn man es laut liest, erlebt man auch noch den »Poppenspäler«, der alle Fäden meisterlich führt und seine Story zum Schwingen bringt.

Jetzt ist Pause – ich mache mich auf der Couch lang, schaue durch die vertropften Oberlichte in die Altonaer Nacht. Der Monokassettenrekorder brummt, die Seite B der im Suhrkamp Verlag veröffentlichten Kassette rollt an – *Marthas Ferien*. Ein unvollendeter Text von 1978.

Johnson liest selbst, lässig und souverän. In den Pausen, die er lässt, wechselt er die Perspektive, als würde er ein anderes Objektiv einsetzen, eine andere Maske, eine andere »Denke« überziehen. Durch diese Pausen entsteht der Rhythmus, den diese Geschichte verlangt.

Wir stehen gemeinsam mit Peter Niebuhr, Johnson spricht ihn mit Pietja an, in Fürstenberg an der Havel am Bahnhof und wundern uns, dass seine Martha nicht im Zug saß, der aus Berlin kam.

7. Versuch

»Es ist schlecht möglich, abseits der Zeitgeschichte zu leben«
Uwe Johnson

Die Zeitgeschichte der letzten vier, fünf Jahre fühlte sich für viele Menschen hier in der Mitte Europas dichter, gedrängter und bedrohlicher an als manche Jahre davor. Die Corona-Pandemie, der Krieg in der Ukraine, Klimawandel, Flüchtlingskrise, Energiekrise, eine Inflation, die nicht vergleichbar ist mit der vor einhundert Jahren, aber so hoch wie seit Jahrzehnten nicht, das Massaker vom 7. Oktober 2023 und der daraus entstandene Krieg in Gaza, immer wieder Terrorattentate in Frankreich, dazu etliche Wetterkatastrophen, die wie im Ahrtal das Leben der Menschen in ein furchtbar brutales Vorher und Nachher unterscheiden. Und immer wieder orientierungslos wirkende Politiker, die versuchen, die vielen Problemlagen in gewohnter Weise zu beruhigen – was aber in den meisten Fällen nicht gelingt.

Das schien in den Jahrzehnten davor anders. Die ganz großen Ereignisse, die einen auch dann erreichten, wenn man sich nicht oder nur mäßig für Politik und Gesellschaft interessierte, schienen überschaubar.

In meinem Leben waren das seit dem Ende der DDR der Krieg im ehemaligen Jugoslawien, die zwei Irakkriege, der 11. September 2001, der Krieg in Afghanistan und die Finanzkrise in den Nullerjahren. Jemand wie ich konnte zeit seines Lebens, mal von privaten und privat-ökonomischen Problemen abgesehen, in einer dauerhaft gefühlten Sicherheit leben und darauf vertrauen, dass das System BRD/EU/NATO das eigene Leben schützte und man sich wirklich vor allem um seinen Kram kümmern konnte.

Mein Lieben, meine Arbeit, mein Spaß!

Das war einfach nur historisches Glück.

Der Zusammenbruch der DDR und des Ostblocks und die damit verbundene Öffnung des Westens fielen für mich so treffend in den pubertären Aufbruch, dass ich nie in die Situation kam, dem Vergangenen nachzutrauern. Das Gegenteil war der Fall. Ich konnte 1990 einfach mal so in die Türkei reisen, ein Freund auf der Reise brachte mich auf die Idee, Schauspieler zu werden, und als ich ein Angebot aus Frankfurt am Main im tiefen Westen bekam, konnte ich es ohne Probleme annehmen, so wie ich frei heraus entscheiden konnte, wo ich im Sommer welchen Urlaub machte, wo ich welches Geld verdiente, wo es mich durch Liebe und Neugier hintrieb. Es gab für mich keine realen und auch keine gefühlten Grenzen. Aber es gab immer dieses Gefühl von »Glück gehabt«, als wäre mir etwas Unangenehmes oder Erzwungenes erspart geblieben. Das hat vermutlich mit den letzten Monaten vor dem Mauerfall zu tun.

In dieser Zeit kam für mich und meine Kumpels etwas näher, was für uns bis dahin irgendwo fern in der Hauptstadt stattgefunden hatte. Wir hatten immer wieder Geschichten von Leuten gehört, die Ärger mit der DDR, mit dem Staat hatten oder in den Westen verschwunden waren, aber bei uns zu Hause hatte das keine Rolle gespielt.

Das änderte sich, als eine Freundin unserer Eltern, die uns immer in der Sommerzeit besuchte und die wir Geschwister sehr mochten, weil sie etwas von großer weiter Welt ausstrahlte, eines Tages Mutter wie Vater als »Rote Socken« beschimpfte, wütend den Kaffeetisch verließ und abreiste. Beide Eltern wirkten getroffen, waren dann aber im Gespräch mit uns vor allem sehr enttäuscht darüber, dass die gute Tante sich so verändert hatte. Später im Herbst sahen wir Kinder sie im Städtchen wieder, aber sie hatte sich jetzt wohl woanders eingemietet.

Dann spielte an einem herrlichen Sommersamstag ein DJ gegen alle staatlichen Regeln Udo Lindenbergs »Sonderzug nach Pankow«. Am Montag drauf war der DJ mit Familie aus der DDR ausgewiesen. Da spürten wir Kids zum ersten Mal etwas real Bedrohliches, da die Kinder des DJ mit uns zur Schule gegangen waren.

Zu Hause wurde das als bedauerlich, aber richtig begrüßt, man müsse sich ja nur an die Regeln halten und der blöde Lindenberg gehöre eh nicht gehört.

In dieser Zeit hatte ich mit einigen Kumpels eine kleine Clique gegründet, die sich »The Lost Boys« nannte. Uns verband der Spaß am Heavy Metal, und wir verbrachten unsere ganze Zeit mit Sport, Bier und Nikotin. Um einander zu erkennen und uns von anderen im *Outfit* abzusetzen, trugen wir alle Jeansjacken, je nach Grad der Westverwandtschaft amerikanische oder ostdeutsche Jeans und Basecaps aus Jeansstoff, die wir für fünfzig Ost-Mark das Stück anfertigen lassen mussten. Es gab ja keine Basecaps in der DDR-Provinz. Wir wollten cool wirken, und jeder sollte erkennen, dass wir eine Gang waren.

Eines Tages wurden wir zeitgleich, wir waren fünf Lost Boys, von unseren Lehrern nach dem Unterricht zum Gespräch einbehalten. Ob wir eine kriminelle Vereinigung seien?

Ob wir ein Statut hätten?

Was unsere Ziele seien – wohl doch nicht Konterrevolution? Was es mit diesen amerikanischen Mützen auf sich habe – immerhin ein Symbol des Klassenfeindes?

Ob wir damit Gewaltbereitschaft signalisieren wollten?

Was das englische Wortspiel »The Lost Boys« wohl meinte? Gehe es uns denn so schlecht in unserer Heimat?

Am Ende wurde eine sanft formulierte Warnung ausgesprochen: Man behalte uns im Auge!

Wir haben uns schlappgelacht. Wir kleine Piepel sollten kriminell sein? Wir waren Heavy-Fans und Sport-Nerds, wir rauchten heimlich, wetteten auf zu exende Alkoholmengen und träumten von Sommernächten mit Mädels am See, aber eine kriminelle Aktion wegen selbstgenähter Basecaps? »Was geht ab Heimatland?«, brüllten wir am hallenden Busbahnhof gefolgt von gackerndem Gejohle.

Als mein Vater einige Tage später nach Hause kam und mich in sein Arbeitszimmer bat, sollte ich lernen, dass es im Leben andere Wahrheiten gab als die eine, die ich für mich selbst wahrnahm. Er berichtete mir davon, dass auf einer Bildungskonferenz in der Kreisstadt von einer Schlägertruppe berichtet worden sei, die in unserem Städtchen ihr Unwesen trieb. Die Truppe sollte ältere Damen überfallen und sie ausgeraubt, Passanten angepöbelt, andere Jugendliche brutal niedergeschlagen und deren Kleidung zerstört haben. Sie seien eine Art Geheimbund, hätten auch ein Statut, also eine Art Gelöbnis, und einen Kleidungskodex, der bestehe aus amerikanischen Basecaps und Jeansjacken mit Aufnähern. Sie würden sich »The Lost Boys« nennen, und ich sei wohl einer von denen.

»Stimmt das, Junge?«, fragte der Vater. »Wenn das stimmt, hörst du sofort auf damit, oder wir als Familie und ich in meiner Arbeit bekommen große Schwierigkeiten. Das trifft uns dann alle.«

Ich bestätigte ihm, dass wir diese Klamotten trugen, aber nur wegen der Musik, und dass wir überhaupt gar nichts von alldem tun würden, das sei doch total gelogen, wer denn so einen Scheiß erzähle?

Das dürfe er mir nicht sagen, das sei auch egal, wichtig sei nur, dass ich ab sofort den Quatsch lassen solle, und wenn meine Freunde wirklich Freunde seien, dann würden sie auf mich hören. Noch sei ja alles gut!

»Nichts ist gut, wir schlagen keine Frauen! Was für ein Bullshit!«, war meine empörte Antwort, dann ließ er mich gehen.

Wir wurden der Kappen wegen immer wieder rausgepickt, mussten sie irgendwann abgeben, ließen uns aber neue nähen.

Einige Monate danach, im Spätsommer 1989, kam ich auf die Erweiterte Oberschule in der Kreisstadt, das war quasi das DDR-Gymnasium, da setzte sich das noch ein kleines bisschen fort. Zu Beginn des Schuljahres war es für jedes FDJ-Mitglied Pflicht, im sogenannten *Blauhemd* zu erscheinen. Da gab es kein Wenn und Aber. Seltsamerweise für uns schon. Wir zukünftigen Abiturienten aus dem kleinen Städtchen hatten auf dem Hinweg die Idee, in weißen T-Shirts aufzuschlagen. Das fanden wir cool und witzig, und da wir fünf Jungen und Mädchen waren, bestärkten wir uns gegenseitig. Als wir dann den Saal betraten, war uns klar, dass es nicht so cool war, denn um uns herum standen an die einhundertfünfzig Blauhemden. Und da gerade zwei Abiturientinnen vor der gesamten Schule, *on stage*, ihre Blauhemden ausgezogen und ihren Austritt aus der FDJ bekanntgegeben hatten, war der Fokus auf die Weißshirts noch schärfer gestellt.

Ich wurde ins Direktorenzimmer gerufen. Man wisse, dass ich einer konterrevolutionären Bande angehört habe, diese Umtriebe solle ich hier mal schön lassen oder es würde ganz schnell gehen. Ich wäre runter von der EOS und die Chance auf einen Studienplatz für immer futsch. Ich könne mich aber auch entschließen, für 25 Jahre Berufsoffizier bei der NVA zu werden – Sport- oder Kulturoffizier, oder noch besser wäre Politoffizier, das würde die Sache sofort anders aussehen lassen. Dann wurde Erich Honecker entmachtet, dann öffneten hundertausende Demonstranten in Berlin den Grenzübergang Bornholmer Straße, dann ging die DDR unter und mir blieb die Laufbahn eines NVA-Offiziers erspart.

Ich wollte diesen kleinen Schlenker in meine Biografie schlagen, da es mir wichtig erscheint, den Unterschied zu markieren, den die sogenannte *Wende* mit sich brachte. Die hier erzählten Anekdoten sind die einzigen in meinem ganzen Leben, wo eine Macht oder eine Diktatur oder eben der Staat versucht haben, mein Leben zu bestimmen, zu manipulieren. Ich habe innerhalb von nicht ganz einem Jahr drei bis vier Momente eine politische Wirklichkeit erlebt, die für mich sehr unbequem hätte werden können, hätte ich mich nicht an die Regeln von Vater Staat und Mutter Daheim gehalten, immer säuselnd begleitet vom Staatstrio SED-FDJ-STASI, die alle drei von meinem achtzehnten Lebensjahr an um Mitgliedschaft, Mitgestaltung, Mitwirken gebuhlt haben.

Ich weiß beim besten Willen nicht, was passiert wäre.

Im Tun, im Denken, im Nein-Sagen, im Ja-Sagen.

Uwe Johnson sollte das Ende des politischen Diktats in einem Teil Deutschlands nicht miterleben dürfen. Sein Lebensweg war von klein auf vom Umgang mit Meinungssetzungen, Verboten, Ideologisierungen und Ängsten geprägt, die sich bis in sein privatestes Leben hineinschleichen sollten – mit allem, was dazugehört. Johnson schildert diese frühe Politisierung in den *Begleitumständen* anhand des Hitlerbildes, unter dem er groß wurde.

»Mithin war ich fast elf Jahre alt, als ich meinem Staatsoberhaupt Adolf Hitler zum letzten Mal begegnete in einem mecklenburgischen Dorf. Vertrauensvoll und gerissen blickte der da in eine Gute Stube, als stünden keine Sowjets vor seinem Bunker [...]. Zu Hause blickte er in die Schulhefte, in die Gespräche, in die Träume. Er war es, der Strafexerzieren verordnete für ein Kind, das mit der Übungshandgranate bloss auf neun Meter kam. Er sah einem zu in den Wartezimmern der Ärzte, in der Schalterhalle der Sparkasse, beim Friseur. Noch als Briefmarke kam er ins Haus; was nützte die Faust, die ihm heimlich aufs Gesicht schlug. [...] und geführt hatte jener bis zum Verlust der Heimatstadt, auf die Flucht und in die unsichere Ankunft in einem fremden Dorf bei Leuten, die nach wie vor mit ihm wohnten und zur Auskunft gaben, das habe er sich verdient. Ein Kind konnte die Wahrheit wissen: nur vorläufig war auch in diesem Ort ein Ortsbauernführer, ein Bürgermeister noch im Amt und befugt, flüchtende Feldgendarmen anzuhalten und zu beordern mit der Exekution von Staatsfeinden, die ein Bild des Staates von der Wand nehmen. Wenn es dann nach dem ersten Besuch eines sowjetischen Pferdewagens mit Maschinengewehr bloss mehr anwesend ist als hell gebliebener Tapetenfleck, unzulänglich verdeckt durch einen Öldruck, heisst es von den Kindern, sie seien viel zu jung, um davon etwas zu verstehen.«

Man versteht vieles im Leben nicht, aber ein Zweifel, der so früh einsetzt, im Entdecken dessen, was man Leben nennt, gepaart mit so drastischen Ereignissen wie den beschriebenen Erschießungen anders sprechender Fliehender aus Ostgebieten, die an Typhus sterben und in öffentlichen Massengräbern im Dorf verscharrt werden, bis hin zu dem Verschwinden des Vaters schaffen kein Vertrauen und keine gesunde seelische Struktur bei einem Kind. Das war damals so, das ist heute so. Und wenn man dann zwei Jahre später erfährt, dass der Vater in weiter Ferne gestorben ist und nie mehr wiederkehren wird, so bleibt ein Makel, ein tiefschwarzes Warum für den Rest eines Lebens.

»So ist es erspriesslich für ein Kind, wenn es allezeit zu sagen weiss, wo der Vater sich aufhält, tot oder lebendig; werden oder bleiben dessen Bewandtnisse ungewiss, so hat der Sohn sich zurückgesetzt zu fühlen für die Zukunft.«

Wenn nach alldem eine Ruhe, eine Übersicht, eine sichere Hand gekommen wäre, die gewusst hätte, was sie tut, und die das Kind, den Jugendlichen Uwe vertrauensvoll hätte weisen können, dann ... Es kam keine sichere Hand, das war auch gar nicht möglich. Die politischen Wirren blieben und mittendrin der einzelne Mensch, der Glück oder Ruhe suchte, aber Chaos und Schweigen fand.

Machtergreifung Hitlers 1933, Vorkriegszeit, Kriegswirren, Nachkriegswirren, Gründung der BRD, Gründung der DDR, Stasimethoden, Arbeiteraufstand 1953, Volksaufstand Ungarn 1956, Mauerbau 1961, Nazigewalt, Gewalt der Sowjets, britische Besatzung Mecklenburgs, dann sowjetische Bombenangriffe auf dem Darß, deutsche Konzentrationslager, sowjetische Konzentrationslager, überall Agenten, Stasispione, Gestapo, britischer Geheimdienst, Flucht in den Westen, der Westen als Versprechen, überall gescheiterte Entnazifizierung, Alt-Nazis wieder in Ämtern hüben wie drüben.

»Gestern in Bonn verhandelte ein Gericht wieder einmal gegen jenen Fritz Gebhardt von Hahn [...], angeklagt der Mitschuld am Tod von mehr als dreißigtausend bulgarischen und griechischen Juden. Für die Verteidigung trat auf ein Zeuge, auch ehemals in leitender Funktion beschäftigt beim Außenministerium der Nazis, Abteilung Abhören. Er nannte seinen Vornamen, war als Kiesinger bekannt. Beruf: Bundeskanzler. Solche Silberhaarigen haben das

Vertrauen der Westdeutschen. Mit solchem arbeitet die Sozialdemokratie in einer Regierung.«

Verhärtung der politischen Lager, Aufrüstung, Kalter Krieg, Vietnamkrieg der Amerikaner, Ermordungen von John F. Kennedy, Robert Kennedy, Martin Luther King, Rassenunruhen in den Straßen New Yorks, amerikanische Banken, die mit Geld Weltpolitik gestalten, sowjetische Panzer, die einen demokratischen Aufstand in Prag niederschießen, Justizlisten der Nazis, Justizlisten der DDR …

Ich wollte einfach mal in einem *Stream* markieren, welche politischen Felder Johnson in sein Werk einarbeitete. Er schlug Bögen, die irgendwo anekdotisch beginnen und zum Teil Jahre später eine Folge haben, folgte Figuren, deren Lebensweg aus politischen Gründen zum Schicksal wurde, manche Bögen reichen bis in unsere Zeit.

Ein kleines Beispiel sei hier noch genannt, denn es zeigt zum einen Johnsons Genauigkeit als auch, wie sehr manche Erzählbögen in aller Beiläufigkeit letztlich über das Ende des Buches hinauswirken.

Johnson berichtet, dass die Russen, nachdem für kurze Zeit die Briten die Besatzer im heutigen Nordwestmecklenburg gewesen waren, dass die sowjetische Kommandantur also am 26. Februar 1948 vermeldete, dass die Entnazifizierung zum 10. April 1948 beendet sein werde. Nur drei Jahre nach dem Ende des Zweiten Weltkrieges.

Man brauchte Kader, um eine zivile Ordnung zu etablieren. »Ehemalige Nationalsozialisten waren nun eigens zum ›demokratischen und wirtschaftlichen Aufbau‹

eingeladen, wenn sie ›durch ehrliche Arbeit sühnen‹. Wer immer sich befand auf freiem Fuße, seine Unschuld war erwiesen.«

Wenn heute, im Jahre 2024, einem Superwahljahr, immer wieder der Begriff der neuen Rechten vor allem in den neuen Bundesländern auftaucht – in meinem Leben gab es seit dem Ende der DDR schon vier Mal den sogenannten »neuen Rechtsruck« –, finde ich es durchaus interessant, erhellend und bedrückend, dass es also, wenn ich Johnsons Erzählung an dieser Stelle folgen will, seit dem Frühjahr 1948 per Direktive der russisch geführten Sowjets nicht mehr notwendig war zu entnazifizieren und es somit in der damals lebenden Bevölkerung auch keinen Handlungsgrund gegeben hat, Nazis weiterhin anzuzeigen oder von ihren Verbrechen an den Menschen zu berichten. Schwamm drüber!

Man setzte auf die Bildung der zukünftigen Generationen, durch ausführliche Berichterstattung von den Gräueln würden diese erkennen, dass die Nationalsozialisten kriminelle Menschheitsverbrecher gewesen waren. Bei mir hat dieses Narrativ funktioniert. Bei anderen aber eben nicht!

Bis zur Zweitlektüre der *Jahrestage* lebte ich in dem Glauben, denn so wurde es mich gelehrt in der DDR, es wurde ausführlich entnazifiziert, und dementsprechend suchte ich die Erklärung für die Gewalt der rechten Szene in soziologischen und ökonomischen Fragen seit dem Ende der DDR.

Aber nein, wenn man sich einmal vorstellt, und da sind wir eben bei Uwe Johnson, wie am sogenannten Mittagstisch der Kantine, des Bistros oder in der Familie politische Haltungen zwischen den Generationen weitergegeben, nachgeplappert oder übernommen werden, dann ist diese kleine bissige Notiz Johnsons in einem Werk von über 1.800 Seiten, geschrieben inmitten des Kalten Krieges, eine künstlerisch-historische Grundierung, die eine ganze Epoche bis in unsere Gegenwart hinein neu justiert.

8. Versuch

»Wenn du wüsstest, was ich weiß …«
Uwe Johnson

Ich bin Uwe Johnson nie begegnet.

Ich kenne etliche Fotos, kenne Fernsehsendungen, die im Internet kursieren, kenne die Tonkassette, auf der er aus zwei unveröffentlichten Texten liest, und ich kenne den Dokumentarfilm *Summer in the City,* für den er den Text schrieb und einlas.

Aber ich habe Uwe Johnson nie kennengelernt.

Hätte ich ihn gern kennengelernt?

»Logisch!«, ruft das morgendliche Herz im zugeschneiten Altona. Hamburg hat mal wieder einige Stunden Schnee.

»Bist du dir da so sicher?«, knurrt das Hirn dazwischen.

»Auf jeden Fall!«, weiß das Herz.

»Aber der Zorn, das Unerbittliche, hättest du da Bock drauf?« Hirn wieder.

»Auf jeden Fall! Ab da wäre es interessant!« Herz wieder.

Ich bin jetzt zwei Jahre älter, als Johnson wurde, ich kenne ihn nur aus seinem Werk. Als wir anfingen, die Hörbücher einzulesen, erst *Das dritte Buch über Achim,* dann die *Jahrestage,* begann ich, um Johnson herum zu lesen. Mich interessierte das Verhältnis zu Max Frisch, zu Günter Grass, zu Hans Magnus Enzensberger, zu Christa Wolf und und

und. Ich lernte durch Johnson den Verleger Siegfried Unseld kennen, der ihm ein Freund war, wie sie alle Freunde waren, sich am Ende aber, und das ist bemerkenswert, so gut wie alle mit ihm zerstritten, heftig zum Teil.

Beim Einlesen der Hörbücher half dieses Wissen gar nicht. Auch die Fernsehformate, die Interviews, waren zwar erhellend, auch erheiternd, ich lernte etwas über die Klarheit in der scheinbaren Umständlichkeit seiner Sprache, aber für das Erarbeiten einer Lesehaltung half auch das nur bedingt.

Ich landete immer wieder in seinem Werk.

Als ich dann anfing, für dieses Büchlein Material zu sammeln, von Uwe Johnson, über Uwe Johnson, stieß ich auf einen ganzen Berg von Büchern, die sich mit ihm und mit seinem Werk befassen. Das ist toll, das ist beeindruckend, da es erzählt, wie wichtig, herausfordernd oder rätselhaft Uwe Johnson für viele Menschen war und ist.

Herausheben möchte ich das im Suhrkamp Verlag erschienene Buch *Johnson-Jahre* von dem Biografen Uwe Neumann, in dem hunderte Schriftstellerinnen, Autoren und Freunde zu Johnson zitiert werden. Eine heftige Leistung, dieses Buch zusammenzustellen, ein weites Panorama an Stimmen aus fünf Jahrzehnten, ein Beweis für Johnsons Sog und Kraft, Dokumente von Zuneigung, Hohn und Abwehr.

Es erfolgt eigentlich immer eine Beschreibung seiner Physiognomie: die alle überragende Erscheinung, das Mächtige, wohl etwas Grobe; fast immer dann auch die Beschreibung einer hohen Sensibilität und sturen Verschlossenheit. Kalte Distanz, überbordende Freundlichkeit, Kümmern und reiches Beschenken werden geschildert, seine strenge Sprache auch im Gespräch, eine offenbar auffällig hohe Intelligenz und Diskurslust, heftige Zornesausbrüche – oft die Erwähnung von Alkoholmengen, die Johnson konsumierte.

Ich lerne den Autor und in manchen Texten auch die Person Uwe Johnson aus vielen Blickwinkeln kennen, bekomme sehr viele Meinungen und Geschmacksurteile serviert. Jüngere Texte sind zum Teil sehr geschmäcklerisch, andere verbinden sich neu mit ihm oder beschreiben ihn als Lebensinspiration für die eigene Arbeit, manche halten ihn für den größten Schriftsteller des 20. Jahrhunderts, wieder andere verachten ihn und James Joyce gleich mit, *at the end* aber lerne ich durchweg die sich da Äußernden immer ein bisschen mehr kennen als Uwe Johnson. Das liegt wahrscheinlich in der Natur der Sache und das wird mit diesem Büchlein hier nicht anders sein.

Und da dachte ich dann: Was soll's? Ist alles lange her! Das Werk koppelt sich vom Zeitgeist ab! Wir haben 2024! Bleiben wir nur beim Werk!

+++ Spaceship Johnson please come! +++ We need information about the dark, bloody and hopeful twentieth century in Germany, Centre of Europe! +++ About dictatorship and occupation, »Wirtschaftswunder« and democracy! +++ Please, give us your arrival time! We need to talk with you! +++

Allein aufgrund meiner berufsbedingten oder auch privaten Angewohnheit, stets nach dem »Gynt'schen« Kern der Zwiebel zu suchen, mich also zu fragen, warum ein Mensch das wurde, was er wurde, und tat, was er tat, kann ich die Person Uwe Johnson nicht ganz so easy dahinfahren lassen.

Ich hatte in den vergangenen Jahren immer wieder den Wunsch, ihn zu spielen. Das liest sich jetzt vielleicht peinlich, aber Schauspieler und Schauspielerinnen haben das manchmal, dass sie jemand Bestimmten spielen wollen. Johnson interessierte mich als Künstlernatur, die mit ihrer Zeit und ihrem Wesen, ihrer Herkunft und ihren Ansprüchen schwer in persönliche Unruhe geriet, und dahinter stehen ja bei aller Kunst immer die Fragen: Wie sehr verkraftest du, was du dir selbst abverlangst und zutraust, was du dir selbst und den dich liebenden und begleitenden Menschen zumutest? Zu welchem Preis und aus welchem Grund? Da bieten, rein schauspielerisch gesprochen, nicht respektlos gemeint, die Figur Uwe Johnson und seine historische Zeit viel an. Und da findet man in den erwähnten Materialien allerlei, was sich erzählen ließe, aber eines nicht: Warum sprach er so?

Wo ist die biografische Setzung, die ihn nicht den Weg in direkte Sprache, in das verbindende, verbindliche Erzählen und Schreiben gehen ließ, sondern in die Distanz? Wie sieht der biografische Raum aus, in dem sich diese Mischung aus Definieren, Zitieren, Ironisieren und Kommentieren entwickeln wollte? (Auch in den Briefen arbeitete er ja in dieser Sprache.)

Will da ein Wesen etwas umschiffen? Sucht da wer nach Worten, um aus einem größeren Kontext heraus etwas zu begreifen?

Woher der Wissensdrang?

Warum der Aufwand, die Umständlichkeit?

Wieso überhaupt Wahrheit?

Warum ist das Vergessen so schlimm?

Woher wohl diese Streitsucht?

Woher der Zorn? Geht es da ums Rechthaben?

Woher die düstere Ironie? Warum der grotesk schreiende Witz?

Holger Helbig ist Inhaber der Uwe-Johnson-Professur für Neuere deutsche Literaturwissenschaft in Rostock. Er leitet das Uwe-Johnson-Archiv und die Uwe-Johnson-Forschungsstelle dort und ist Mitherausgeber der Rostocker Uwe-Johnson-Werkausgabe. Er ist sozusagen der Meister Yoda der Uwe-Johnson-Galaxie. Als wir uns in Rostock im Archiv trafen und ich dies und das erfahren durfte, kamen wir irgendwann auch an den Punkt: Warum so?

Holger Helbig sprach vom Sonderling, den viele in Johnson sahen, bis hin zum Unverständnis oder gar zur Ablehnung. »Eine finstere stumme Präsenz. Abwesend. Unnahbar. Undurchdringlich. Nie ein Lachen, nie ein Lächeln, nie ein offener Blick.« (Luise Rinser, 1985)

»Er fiel uns auf durch die scharfe und erbarmungslose Intelligenz seiner Fragen, zugleich aber durch eine eigentümliche Undeutlichkeit und Ungreifbarkeit seiner Antworten.« (Jean Améry, 1994)

Holger Helbig sprach vom Sonderling, der Spaß am Geheimnis hatte. Es ist zum Beispiel bis heute unklar, woher Uwe Johnson derart präzise Kenntnisse der Stasi-Arbeit besaß, die wir in *Mutmassungen über Jakob* kennenlernen.

Sein Freund und Schriftstellerkollege Jürgen Becker berichtete einmal davon, wie Uwe Johnson ihn 1974 in seine Wohnung bat, um ihm etwas sehr Wichtiges zu überreichen.

Dazu muss vorweg erklärt werden, dass Jürgen Becker 1947 mit seinem Vater aus Cottbus in den Westen geflohen war, jedoch ohne seine Mutter.

»Uwe kam mit einem Arm hinter dem Rücken hervor und hielt mir ein Blatt Papier vor die Augen, ein Schriftstück, ein Dokument, auf dem ich Linien, Buchstaben und Zahlen sah. Was das sei? Das sei eine Lagebezeichnung, die bezeichne die Lage des Grabes meiner Mutter auf dem Friedhof in Cottbus. Was denn, wie denn ... ich verstand nicht. Zu verstehen, zu fragen habe ich auch nichts, ihm selber sei eine Antwort auch nicht erlaubt, die Auskunft nämlich, die dieses Papier gebe, sei geheim ermittelt worden, indessen dokumentierte es, dass, entgegen meiner Befürchtung, nach fünfundzwanzig Jahren das Grab meiner Mutter keineswegs eingeebnet worden [...] sei [...] dass der Tod meiner Mutter im Schwieloch-See, am 11. August 1946, und ihre Beerdigung auf dem Friedhof in Cottbus nach wie vor aktenkundig seien.«

Es war nicht selbstverständlich, dass eine Grabesstätte in der DDR bestehen blieb, wenn Angehörige in den Westen geflohen waren. Zum anderen steckt in der Geschichte noch eine andere Brisanz, denn weder Johnson noch Becker hätten einfach so aus West-Berlin in die DDR reisen können, um an ein solches Dokument zu kommen. Johnson selbst bat dann auch, »über diesen Ermittlungsvorgang Schweigen zu bewahren, ihm in die Küche zu folgen und dort mit ihm und Elisabeth, seiner Frau, einen Wodka zu trinken«.

Und Holger Helbig sprach von Hans Christian Andersens Märchen *Des Kaisers neue Kleider*, in welchem Hof und Volk des Kaisers neuen Kleidern aus feiner Seide huldigen und sie feiern und nur ein Kind das ausspricht, was alle tatsächlich sehen: »Der Kaiser ist nackt!«

Dieses Kind, so Holger Helbig, war Uwe Johnson.

»Soviel weiß ich von der Mecklenburger Narretei, daß Johnson immer das Spiel mit dem Bild des Kauzes trieb, hinter dem die Verletzung versteckt ist, aber auch der Narr.« So der wunderreiche Autor Thomas Brasch.

Kind und Narr!

Für mich ist das der mögliche »Gynt'sche« Zwiebelkern im Mantel seiner Biografie.

Vielleicht ein letztes Mal ausgeholt in längst vergangene Zeiten.

Als ich Anfang der neunziger Jahre in der Kreisstadt mit dem Theaterspiel begann, verging kein Tag, an dem die bewunderten Schauspielerinnen und Schauspieler nicht darüber stritten, sprachen, klagten, dass sich auch für ihre Arbeit alles ändern würde. Ein älterer Kollege fühlte sich als zahnloser Tiger, eine jüngere Kollegin erkannte ihre Chance, jetzt endlich zu zeigen, was sie wirklich dachte, wer sie wirklich war.

Hintergrund war, dass zu DDR-Zeiten das schnöde Aussprechen von offensichtlichen, unbequemen Wahrheiten relativ sicher zu Berufsverbot oder anderen abstrafenden Maßnahmen seitens des Staates geführt hatte. Es hatte also die Kunst der Ironie gebraucht, der närrischen Lüge, der umgedrehten Wahrheit im Spiel, im Schreiben – das Indirekte, das Raunende, die Andeutung.

»Narr: Bitt dich Gevatter, nimm einen Schulmeister an, der deinen Narren lügen lehre; ich möchte gern lügen lernen.

Lear: Wenn du lügst, Bursch, so werden wir dich peitschen lassen.

Narr: Mich wundert, wie du mit deinen Töchtern verwandt sein magst; sie wollen mich peitschen lassen, wenn ich die Wahrheit sage; du willst mich peitschen lassen, wenn ich lüge, und zuweilen wird ich gepeitscht, weil ich's Maul halte. Lieber wollt' ich alles in der Welt sein als ein Narr; und doch möchte ich nicht du sein, Gevatter. Du hast deinen Witz von beiden Seiten zugeschnitzt und nichts in der Mitte gelassen.«

Schlau sein und dumm stellen,
schlau sein und schlauer scheinen oder
schlau sein und irre wirken?

»Wenn du wüsstest, was ich weiß ...« – diesen Satz fand ich in einem mich sehr berührenden Text der amerikanischen Verlegerin Helen Wolff über Johnson. Es war wohl eigentlich seine Antwort auf ihre Anmerkung, dass er zu viel Alkohol trinke, und es wirkt im Nachbericht wie ein Wegwischen, ein Ignorieren, aber eben auch ein Bescheidwissen nicht nur über den Alkoholkonsum. Eine verunglückte Entschuldigung einer nicht mehr änderbaren Tatsache, die einen mythischen Raum aufmacht, der unendlich groß scheint. Ein Echoraum.

»Höllenraum« wäre eine altmodische Assoziation, die hier nicht passt, aber für mich dann schon, wenn Hölle nicht das göttliche Strafgericht meint, sondern den gruseligsten, lautesten, unbequemsten, dunkelsten, bizarrsten, ekligsten, erschreckendsten, furchterregendsten, traumatisierendsten innersten Seelenort, den man sich vorstellen mag.

Helen Wolff beendet ihren Text mit: »Die Wahrheit über Johnson bleibt Mutmassung.« Aber zuvor hat sie einige Türen zur Person Uwe Johnson geöffnet, die Licht in dunkles Grau lassen. »Nie liess er seine Umgebung vergessen, dass sein vordringlichster Wunsch Unsichtbarkeit war. [...] Mir war damals klar: Um den muss man sich kümmern, der steht im Schatten, der empfindet sich als Stiefkind. [...] Es fehlte Uwe die Leichtigkeit des Seins. Zeitlebens bewahrte er die unbeugsame Moral des Jugendlichen. [...] Was ihm fehlte, um gewinnend zu sein, war die Nachsicht – womit er sich und seinen Nächsten das Leben zerstörte. [...] Mir war er ein untadeliger Freund: loyal, ritterlich, ja beschützend.«

Stiefkind, unsichtbar, nicht nachsichtig, jugendliche Moral, loyal!

Das ist nicht nur mecklenburgische Sturheit, da schimmern auch Scham, Unbehaustheit und Verletzungen durch die Buchstaben hindurch.

»Wenn du wüsstest, was ich weiß ...« ist aber als

Satz eben auch ein Signal von Last und Mühe, Weite und Macht.

Es mag küchenpsychologisch erscheinen, und Johnson würde vermutlich im Zorn verhindern, dass folgende Zeilen geschrieben werden, aber dem Narren Hübner ist alles erlaubt zu tun, solange es seiner Sache dient, und da ich qua Auftragslage der letzten dreißig Jahre mich auch einen Narren nennen darf, komme ich nicht umhin, es dennoch zu tun:

Dieser junge vaterlose Mensch wollte Räume, Figuren und Panoramen schaffen, die die Komplexität von Leben sichtbar machen, bevor die Ereignisse, die sich zum Zeitpunkt des Erlebens als maßgeblich lebensverändernd oder gar lebensbeendend erwiesen, vom Lauf der Zeit verschüttet wurden. Letzteres mag universal gesehen die Norm sein und somit in gewisser Weise egal, aber für den einen intelligenten, wachen, neugierigen jungen Menschen, der ja nur dieses eine Leben hat, dieses sein einziges Leben, ist es katastrophal, wenn das von vornherein als egal gelten soll. Das kann er nicht hinnehmen, dem gilt es etwas entgegenzustellen, ein Buch des Lebens, jederzeit einsehbar, aus dem du etwas über Zeit, Menschsein und Ewigkeit erfährst.

»Es gehört Mut und geradezu Übermut zum Verfassen von Sachen, mit denen man sich wendet an später lesende Leute, und diese Verfassung geht mir ab wie auch die Zuversicht und andere Gesundheiten«, schrieb Uwe Johnson an Helen Wolff.

In meiner Heimat liegt der Teufelsstein, so wird er ewig schon genannt, weil darauf »Kratzspuren« zu sehen sind, die angeblich vom Teufel stammen sollen. Dieser habe der Sage nach den riesigen Stein vor langer, langer Zeit in seine bekrallten Hände genommen und einem Müller über den See hinterhergeschmissen. Über zwei Meter breit und mehr als einen Meter hoch liegt der Stein in der Landschaft.

Die Wissenschaft sagt, es sei einer von hunderttausenden Restgeröllsteinen, Überbleibsel der letzten Eiszeit, die Kratzer entstanden durch die Kräfte der schmelzenden Gletscher.

Der marktpartizipierende *bestselling storyteller* wird sich vermutlich nur der einen oder der anderen Erzählung widmen. Uwe Johnson hätte beide Geschichten erzählt, die vom Teufel und die von der Eiszeit.

Es ist nicht nur rätselhaft, sondern eher verspielt und lakonisch, wenn er zum Beispiel in *Jahrestage* Frau Stalina, die Exilantin, die Tochter Stalins, im Redaktionsgarten der *New York Times* einführt. »Und die New York Times widmet der Tochter Stalins, beginnend auf der ersten Seite, mehr als acht volle Spalten. [...] Diese ungeratene Tochter Etzels saß demnach bei den Goten auf Long Island, in einem Garten unter einer Schwarzeiche, und sagte: Sie sei im allgemeinen für die Freiheit.«

Stalin wird also mit dem blutrünstigen Hunnenführer Etzel gleichgesetzt, der Teile der Goten unterwarf, deren Nachfahren wiederum viele Jahrhunderte später die amerikanische Insel Long Island entdeckten, wo dann nochmal Jahrhunderte später offenbar eine Diktatorentochter sich auflagenstark zu allerlei äußern durfte, aber eben vor allem zu Freiheit im Allgemeinen, Spezialthema der Familie Stalin, da ihr Vater, der Etzel des 20. Jahrhunderts, diese nur dann gewährte, wenn ihm danach war.

Man kann diese Assoziationsschleifen oder Geziertheiten Johnsons eitel finden oder cool, man kann es altmodisch oder punkig nennen, aber diese »Schreibe« hat Lust, geschichtliche Räume nebeneinanderzustellen, die will bleiben – Chronik, Story und Welt gegen die Welt, um die Welt ein kleines bisschen besser zu kennen.

Das erschrockene Kind Uwe machte sich in diktatorischen Zeiten zum Narren, um von der Wahrheit in Zeiten der Lüge und von der Lüge in Zeiten der Kriege zu erzählen.

9. Versuch

> *»Wie weit gestaltet das Erinnerte die Gegenwart, und ist das Erinnern nicht immer schon ein Prozess des Vergessens, wo doch das Erinnerte mit jedem neueren Erinnerungsversuch verändert und verfälscht, im Erinnern aufgelöst wird?«*
>
> Antje Rávik Strubel

Winter, Anfang 2024.
Der Schnee in Altona ist geblieben.
Seit 2012 gab es das nicht mehr.
Die Oberlichte sind weiß verdeckt, die Stille im Hinterhof ist noch stiller, nur die Heizung knackt.

In der Ukraine – auch Schnee. Russland bombardiert dort nächtelang mit Marschflugkörpern zivile Ziele – Krankenhäuser, Heizwerke, Umspannwerke, Supermärkte, Schulen, Bahnhöfe, Wohnhäuser.

Tote, Kälte, Zerstörung. Leben unmöglich.

Gaza ist unbewohnbar geworden. Israel ist im Dauergefecht mit islamischen Milizen, die vom Iran unterstützt werden.

In Polen versucht eine neugewählte liberale Regierung den Kurs der abgewählten Rechtspopulisten zu korrigieren. Es kommt zu Blockaden bei der Neubesetzung von Ämtern.

In Deutschland werden regierende Politiker mit Gewalt bedroht. Die Aggressoren verabreden sich über Social Media – Telegram, X, anderes. Unterschiedlichste Milieus versammeln sich, um zu protestieren. Manche friedvoll, andere gewaltbereit. Rechtsradikale Gruppen unterwandern Protestaktionen. Es wird gestreikt, es wird demonstriert, es wird gegendemonstriert, es wird vermittelt, es wird gelogen, es wird verleumdet, es wird recherchiert, man erklärt an Eides statt …

Eine befreundete ungarische Dramaturgin, sie arbeitet seit Jahrzehnten am Theater, erzählt im hamburgischen Winterweiß den westdeutschen Theaterspielerinnen, wie froh sie ist, in der Hansestadt sein zu können. »Wenigstens ein paar Wochen in Freiheit!« Daheim wurde ein Theaterstück von der Orbán-Administration wegen kritischer Darstellung der ungarischen Machtverhältnisse zensiert und abgesetzt, das Theater gibt es nun nicht mehr.

2024
Johnsons vierzigster Todestag im Winter,
Johnsons neunzigster Geburtstag im Sommer.

2024
Superwahljahr.
Kommunalwahlen in allen ostdeutschen und südwestdeutschen Bundesländern.
Landtagswahlen in Thüringen, Sachsen, Brandenburg.
In den Umfragen führt die rechtspopulistische AfD.
Im Juni Wahl des Europaparlaments.
Dazu Parlamentswahlen in Belgien, Portugal, Kroatien, Österreich, Litauen, Island, Finnland, Rumänien, Moldau.

Wahlen in Russland, Belarus, Großbritannien, Iran, Indien, Pakistan, Südafrika, Südsudan, Mexiko und in den USA.

Das Jahr 2024 könnte aus Sicht des demokratisch-liberalen Westens ein einschneidendes, veränderndes, destabilisierendes werden. Vieles spricht im weißen Winter dafür.

Der französische Schriftsteller Emmanuel Carrère sagt in der *Neuen Zürcher Zeitung*: »Es liegt doch auf der Hand, dass da eine globale Katastrophe auf uns zukommt.«

Die Ordnung, die vor dreißig Jahren mit dem Ende des Kalten Krieges begann, ist auf dem Prüfstand, um es hoffnungsvoll zu beschreiben.

Erinnerung 1:
Noch mal zurück zum Anfang unseres Büchleins – die Szene im Jerichower Rathaus – *Jahrestage* »26. Oktober 1967, ein Donnerstag«.

Erdamer, Dr., SPD, Bürgermeister von Jerichow. Am Morgen des 6. März 1933 weiß er, dass die Nationalsozialistische Deutsche Arbeiterpartei die Reichswahlen gewonnen hat. Er findet nun in seinem Städtchen Jerichow die von dem Nationalsozialisten Horst Papenbrock, Lisbeths Bruder, Gesines Onkel, neu aufgestellten Verhältnisse vor. Die Hakenkreuzfahne weht schon auf dem Rathaus, dem Erdamer noch vorsteht.

»Er verstand nun den Adel der Gegend nicht. [...] es genierte ihn, daß sie so ruhig saßen und die Schlägerkommandos der Nazis nicht von ihren Knechten aus den Siedlungen der Tagelöhner prügeln ließen und weder selbst noch durch die Kirche hatten Bescheid sagen lassen, daß sie einen Erfolg für die nationalsozialistischen Plebejer nicht wünschten. Die Kirche genierte ihn. Ihn genierte, daß Papenbrock [Gesines Grossvater] seinen Sohn nicht in den Nacken schlug. [...] Jetzt ließ er seinen Sprößling eine rote Fahne mit einem Hakenkreuz auf das Rathaus bringen und bewachen von einem Bewaffneten [...]. Seine Kollegen im Senat der Freien und Hansestadt Lübeck hatten es ihm vorgemacht: die von der S. P. D. waren zurückgetreten, obwohl die Reichstagswahl gar nichts mit der Zusammensetzung der Landtage zu tun hatte. Es war nicht rechtlich. Es war gegen das Gesetz. [...] Als er am Nachmittag die Versammlung der Stadtverordneten eröffnete, war er noch nicht entschlossen. Dann traten die Sozialdemokraten von Jerichow zurück [...]. Als er aufstand, fanden seine Schultern ganz leicht in die Haltung des Offiziers. Er hielt das Kinn zu hoch, als daß er einen der Sitzenden ansehen konnte. Er spürte die kurzen, dann gesenkten Blicke auf seinen mageren, rundum geschorenen Kopf, die vor Anstrengung fast blinden Augen, das verächtliche Zucken in einem Mundwinkel, und er war sicher, daß sie ihm in der Tür nachsahen nicht ohne Besorgnis. In der Tür zur Rathaustreppe sah er Cresspahl auf dem Markt ankommen, diesen Schwiegersohn von Papenbrock, der offenbar sein Kind eintragen lassen wollte, auf dessen Kind er noch am Sonnabend mit ihm getrunken hatte. [...] Als [Erdamer] anfing zu gehen, ein ziemlich aufrechter, hochmütiger Herr in Reitstiefeln unter dem langen Mantel, führte kein Entschluß mehr ihm die Schritte. Er kam zwischen den beiden Posten an, ohne sie zu sehen [...], er war zwischen ihnen hindurch [...], er war an Cresspahl vorbei und ohne ihn bemerkt zu haben, und Cresspahl stand da angehalten in drei Bewegungen: dem Ansatz zum Entbieten der Tageszeit, dem empörten Ausfahren gegen Horst [Papenbrock], dem ersten halben Schritt hinter Erdamer her, mitten auf dem Marktplatz, gut beobachtet von den Umstehenden, ratlos, mit offenem Mund, mit einer tauben und zugleich horchenden Miene, wie ein Hase, der ertappt ist und auf den Schlag wartet, der keinen Atemzug von seinem Genick entfernt ist.

Holl din Muul, Gesine. Holl din Muul.«

Es ist ruhig und präzise, wie Uwe Johnson den gesellschaftlichen Abgang des nicht demokratisch abgewählten, sondern geschassten Bürgermeisters darstellt, zeigt, wie sich dessen Denk- und Regelwerk auflöst, über Nacht wirkungslos geworden ist, Widerspruch zwecklos, und das Rad der Geschichte einfach über ihn hinwegrollt.

Ein Moment, wenige Minuten, die das Leben der Menschen/Figuren/Masken dort vor Ort in ein klares Vorher und scheinbar unklares Nachher teilen; nicht fließend, nein, trennend. Die drei beschriebenen angehaltenen Bewegungen von Heinrich Cresspahl, mit dem Säugling (im Arm oder im Korb?), könnten drei seltsam schräge Fotos sein, oder es könnten die letzten Eindrücke aus Erdamers Sicht sein, bevor er, der Bürgermeister, vor Heinrich zusammensackt.

Man weiß es nicht, ob er zusammensackt. Ich deute es so, da »kein Entschluß mehr ihm die Schritte führte«, er »zwischen den beiden Posten ankam, ohne sie zu sehen« und auch Cresspahl nicht mehr bemerkt. Dieser wird angehalten beschrieben in drei Bewegungen, was eben der innere Blick Erdamers sein kann, der nur noch in Bewusstseinsfetzen sein Umfeld erkennt, bevor er zusammenbricht.

Wie schon in der Geschichte von Lisbeths Sterben schimmert hier neben der fotografisch wirkenden Erzählung der einzelnen Person Erdamer auch der symbolische Moment einer Epoche hindurch. Sein Abgang beschreibt den Kollaps einer historischen Zeit, die in diesem Moment ihr Ende fand.

Vor einigen Tagen sah ich ganz altmodisch abends im Fernsehen einen Dokumentarfilm über die »Satellitenschlacht« im Weltall. Es wurde über die Aktivitäten einiger weniger amerikanischer Multimilliardäre berichtet, die bis zu sechzig Satelliten täglich in die Umlaufbahn der Erde senden, um die Hoheit über die Datenhighways zu bekommen, die unsere Welt verbinden und bestimmen. Ihnen eifern alle Großmächte nach – die USA, Russland, China, Indien, Großbritannien und auch die EU. Es ist ein regelrechtes Wettrennen, was dort, unbemerkt vom alltäglichen Bürgerleben, in unser aller Zukunft rast. Das Bemerkenswerte für mich daran ist, dass die Multimilliardäre noch vor den Supermächten die besten Plätze ergattert haben – mit Musk und Bezos sitzen sie in der ersten Reihe.

Was kommt da auf uns zu?

Werden Nachrichtenkanäle die nächsten Wahlen bestimmen? Wählt man irgendwann nicht mehr Parteien oder Interessensgruppen, sondern die Social-Media-

Kanäle, die sich die meisten Satelliten leisten können und so bestimmen, wer welche Informationen bekommt und wer nicht?

Im Ukrainekrieg bekommen wir einen Vorgeschmack darauf, wie das geht. Viele sensible Informationen bekommen die ukrainischen Militärverbände, weil tieffliegende Satelliten für sie freigeschaltet wurden. Sollte der milliardenschwere Eigentümer an der Hilfe für die Ukraine kein Interesse mehr haben, kann er einfach den Zugang sperren. Der Ukraine würden überlebenswichtige Informationen zur Verteidigung ihres Landes fehlen.

Wie würde Uwe Johnson über all das berichten?

Würde er eine Form suchen, die diese wirklich nicht unbedeutenden Fakten, die zahlreich und trocken informativ daherkommen, in einen Erzählteppich weben? Würde er diese Fakten in einen jener Dialoge gießen, in denen ein wissbegieriges Kind einen hochgebildeten Auskenner befragt? Oder würde er es ironisch zitierend als allwissender Autor berichten und in eine Gleichzeitigkeit setzen mit dem Rätsel um die Mondlandung im Jahre 1969? Wie würde er überhaupt über die digitale Welt berichten? Über digitale Kommunikation, über Telegram, X und wie sie sich alle nennen? Wie würde er heute zu uns sprechen?

Seit 1984 hat sich die Sprache, Schreibsprache, Erzählsprache zigmal verwandelt, neu erfunden, wurde neu codiert. Würde er popkulturelle Slangs und digitale Kurzwortsignale klingen lassen? Würde er Emojis benutzen oder sie beschreiben?

Oder wäre ihm das alles zu blöd?

Es ist müßig, das weiterzuspinnen, Uwe Johnson ist tot, und die Zeiten sind andere. Aber es gibt sein Werk, das spricht zu uns.

»Da war immer ein Vorher, was zu einem Danach führte, welches das Zuvor wurde von dem was Gegenwart heißt und ein Nachher wird natürlich nicht ausbleiben.«

Erinnerung 2:
Im vorweihnachtlichen Zug nach Berlin traf ich zufällig den Filmproduzenten wieder. Die Weinreise lag hinter ihm, die Weihnachtsserie war kurz vor Ausstrahlung, er wirkte locker flockig und voller Tatendrang. Er hatte, ganz zur Freude seiner Liebsten, auf der Weinreise mit *Jahrestage* angefangen. Er hatte ein bisschen gebraucht »reinzukommen«, aber hatte ja Gott sei Dank Zeit, und jetzt könne er es nicht mehr weglegen. Er sei im dritten Band, Heinrich wurde grade von den Briten in Nordwestmecklenburg zum Bürgermeister gemacht – »Allein das! Ihr wärt ja fast Schleswig-Holsteiner geworden. Dann hätten wir uns ja schon beim Handball kennengelernt. Das weiß ja kein Mensch mehr heute. Wie dünn das alles war. Und alles über die Leute hinweg. Hart. Hammerhart.« Da hätte ich schon Recht, da würde er mir zustimmen, das sei schon epochal, aber ob das reicht für »größter deutscher Schriftsteller des 20. Jahrhunderts«? Da sei er sich nicht sicher. Da fehlten einfach zu viele andere Storys aus Westdeutschland, Süddeutschland – die ganzen Alliiertenstorys aus dem Westen würden ja nur kommentarhaft gestreift. »Was gar nicht schlimm ist! Man kann sich ja nicht

um alles kümmern!« Aber wo er (Johnson) wirklich alle überragen würde, sei die Dramaturgie. »Die Sprache: geschenkt, das ist krass und *special,* aber wie er alle Storys führt, das ist moderner als alle Serien, die ich kenne.« Das nimmt er als Produzent vor allem mit.

Es gebe da jetzt so eine Idee mit einem Sender oder Anbieter, etwas zu vierzig Jahre Tschernobyl zu machen, über die Jahrzehnte hinweg, quasi vom Super-GAU bis zum Atomausstieg in Deutschland – Sowjetunion, Wende, Ukraine, Deutschland, Jelzin, Putin, Georgien, Maidanrevolution, Merkel, Kriegsbeginn 2022. Alles aus Sicht zweier Wolgadeutscher, Geschwister, die sich durch die Wirren der Zeit in Deutschland wiederfinden. Da könne man ja »rein formal quasi bei Johnson abschreiben. Also nicht größter deutscher Schriftsteller des 20. Jahrhunderts, sondern bester Serienautor des 21. Jahrhunderts – *you know*?«

»*Yeah, I know!*« sagte ich.

Wir werden sehen.

Allein in Altona.
Das Büchlein ist geschrieben.
Der weiße Winter wird gehen.
Johnson wird bleiben.
Die Beschäftigung mit ihm auch.

Ich vergleiche ihn in letzter Zeit mit Malern – also den Großbildmalern Michelangelo, Breughel, Bosch und anderen. Die Konstruktion der Bilder, seiner Bücher, lässt sich ja doch irgendwann ausmachen, erkennen oder benennen; wie er eine Linie, einen Erzählfaden, eine Story führte. Aber Johnson entschied eben auch sehr genau, wo er verwischt, wo skizziert, wo er naturalistisch oder fotografisch herausarbeitet, wann er comichaft verfährt, wann er kommentiert.

Sein Werk wird dadurch immer wieder unfassbar. Es spielt mit dir, weil es sich öffnet, um dich wieder abzustoßen, weil es mal fließt, dann wieder stehenbleibt. Es ist wandelbar, nicht in der Zeit verhaftet. Es ist beweglich und fiebert.

Dann sein Humor!
Johnson ist voller Humor, ich finde ihn an vielen Stellen sehr leicht und lustig, auch bissig, satirisch, niemals zynisch – aber als Grundfarbe, Grundhaltung will sich das Wort Lakonie hier einschleichen. Lakonie verbindet für mich Weltschmerz mit kopfschüttelndem Lachen und ratloser Weisheit.

Es ist das gleiche Gefühl wie der Riss vom Anfang dieses Büchleins, die Ohnmacht einer Grenze und das Grau oder Bunte eines Narren.

Das Gefühl, in einem nicht ausgeleuchteten, unbekannten Raum zu frühester Morgenstunde sich zurechtfinden zu müssen, das Gefühl nach Sonnenuntergang im Wald nicht die Nerven zu verlieren.

Und was für ein Liebespaar – Gesine und Jakob!

Ihr Glück, ihre Innigkeit liegen hinter den Erzählbergen des über sie Sprechens und um sie herum Klönens.

Der Blick der Liebenden bleibt ihnen ganz allein. Was

für ein dichterisches Sinnbild für Verliebtheit und Liebe! Das kurze Glück und das lange Danach!

Am Ende dieses Textes scheinen sie mir das zentrale Motiv seines Werks. Zwei verlorene Kinder, sie früh ohne Mutter, er früh ohne Vater, finden sich im Chaos des Nachkrieges und in der Haltlosigkeit der Zeiten als Geschwister, als Familie, als Liebende. In den Jahren zwischen Jakobs Ankunft in Jerichow und seinem Tod zwischen den Gleisen schlägt das wilde Herz der hoffnungsvollen Jugend, das hochmütig und leicht aller Galligkeit des Lebens trotzen will und kann.

Und dieses Gefühl, kurz nach himmelhoch jauchzend und kurz vor zu Tode betrübt, dieser Moment von unfassbarem Glück und grenzenlosem Mut gibt dem Leben doch Sinn – Lebenssinn über das Leben hinaus! Oder nicht?

Erinnerung 3 und Schluss:
Eine grandiose Szene, ein listiger Moment, ein offenes Ende und der Gedanke, dass es vielleicht gar keine Antworten geben kann, sondern nur Fragen, Fragen, Fragen?

»Mrs. Cresspahl sitzt in einem tiefen weichen Ledersessel mit dem Rücken zu einem ältlichen Techniker, von dem sie nur noch den bläulichen Kittel weiß, das Gesicht hat sie sofort vergessen in ihrer Wut. Über ihrer Brust ist eine Gummispule befestigt, am rechten Oberarm spannt eine mit Drähten durchwirkte Binde, an jedem Handgelenk ist eine Metallplatte festgebunden. Herzschlag, Atmung, Blutdruck, IIautfeuchtigkeit. Das ist dcr Polygraph, der Lügendetektor, an den niemand glaubt als die Polizei und die Geschäftswelt und das Militär. Die einfühlsame Stimme hinter ihr scheint Mundgeruch auszusenden.

Frage: Es ist ein Spiel für uns beide. Antwort: Ja.

Frage: Sie sind deutscher Nationalität. Antwort: Ja.

Frage: Westdeutscher?

Antwort: Ja.

Frage: Ostdeutscher Nationalität?

Antwort: Ja.

Frage: Westdeutscher Nationalität?

Antwort: Ja. [...]

Frage: Wenn Sie an Ihre biographische Vorgeschichte denken, halten Sie psychische Verletzungen für möglich?

Antwort: Nein.

Frage: Würden Sie sich als stabile Person bezeichnen?

Antwort: Nein.

Frage: Als eine unstabile Person?

Antwort: Nein. [...]

Frage: Haben Sie für den Rest des Tages frei?

Antwort: Ja.

Frage: Das wär's.

Antwort: Nein.«

Mit dieser schillernden Szene aus *Jahrestage,* die mich in ihrer Ambivalenz und Ohnmacht stärkt, gehe ich in dieses Jahr, in Johnsons Jahr, trage ihn mit mir rum und werde von ihm lesen, über ihn berichten und in seiner Lakonie Schutz suchen, wenn die Wirklichkeit unfassbar wird.

Hamburg, Dezember 2023 – Februar 2024

Ich danke Lina und Karl Beckmann, Karin Graf, Thomas Halupczok, Prof. Holger Helbig, Caren Miosga und Wolfgang Stockmann.

Zitatnachweise

Zitate aus *Jahrestage, Mutmassungen über Jakob* und *Das dritte Buch über Achim* folgen, wenn nicht anders angegeben, den in der Bibliografie angeführten Ausgaben.

»Zum Schluss kam der Jugendfreund« – *Begleitumstände*, S. 65/66
»So bekam jemand seine ureigene Sache« – *Begleitumstände*, S. 69

»Der Gedanke der Wiedervereinigung« – Fahlke, S. 207/Bienek
»Johnsons Texte sind eine Anmaßung« – Brasch, S. 299

»Ich habe bei der Geschichte« – Fahlke, S. 184
»Der Mann, um den es geht« – Fahlke, S. 184
»Ich habe auch den ersten Versuch« –Fahlke, S. 185
»Mit dem Schreiben« – Fahlke, S. 245
»Was ist denn die Wahrheit?« –Fahlke, S. 191
»Seitdem Uwe tot ist« – *Johnson-Jahre*, S. 439

»Johnson sprach in jedem Augenblick wie Johnson« – *Du*, S. 46
»Er sprach ohne Zwang« – *Du*, S. 42

»Mithin war ich fast elf Jahre alt« – *Begleitumstände*, S. 25
»So ist es erspriesslich für ein Kind« – *Begleitumstände*, S. 32

»Uwe kam mit einem Arm hinter dem Rücken hervor« – *Du*, S. 53
»Soviel weiß ich von der Mecklenburger Narretei« –Fahlke, S. 292
»Narr: Bitt dich Gevatter« –William Shakespeare, *König Lear*, 1. Akt/ 4. Szene

»Nie liess er seine Umgebung vergessen« – *Du*, S. 55
»Es gehört Mut und geradezu Übermut« – *Du*, S. 55

Bibliografie

Uwe Johnson, Werkausgabe in 43 Bänden, Berlin 2017 ff.

Uwe Johnson, *Jahrestage 1-4. Aus dem Leben von Gesine Cresspahl*, Frankfurt/M. 1993.

Uwe Johnson, *Begleitumstände. Frankfurter Vorlesungen*, Frankfurt/M. 1980.

Thomas Brasch, *»Ich merke mich nur im Chaos«. Interviews 1976 - 2001*, hg. von Martina Hanf, in Zusammenarbeit mit Annette Maennel, Frankfurt/M. 2009.

Du. Uwe Johnson. Jahrestage in Mecklenburg. Besuche in der Heimat des Schriftstellers, 619/Oktober 1992.

Eberhard Fahlke (Hg.), *»Ich überlege mir die Geschichte«: Uwe Johnson im Gespräch*, Frankfurt/M. 1988.

Jürgen Grambow, *Uwe Johnson*, Reinbek 1997.

Katja Leuchtenberger, *Uwe Johnson*, Berlin 2010.

Frauke Meyer-Gosau, *Versuch, eine Heimat zu finden. Eine Reise zu Uwe Johnson*, München 2014.

Bernd Neumann, *Uwe Johnson*, Hamburg 1994.

Uwe Neumann (Hg.), *Johnson-Jahre. Zeugnisse aus sechs Jahrzehnten*, Frankfurt/M. 2007.